児童虐待の社会福祉学

―なぜ児童相談所が親子を引き離すのか―

篠原　拓也

大学教育出版

はじめに

児童虐待が疑われるケースにおいて親と児童相談所は事実認識や教育理念などをめぐってしばしば対立する。児童相談所には迅速かつ確実に子どもの安全確認を行い、ときには親から子どもを引き離す役割がある。一方で親としても、確信された養育、一時の失敗、やむをえない出来事によって、あるいはまったく原因のわからないままに子どもがケガや病気をしたことで、近隣住民や学校、病院などから児童虐待であると疑われ、子どもと引き離されそうになれば戸惑いや憤りを覚えるのも当然である。

筆者はこれまで、児童相談所の介入に対抗してきた親たちやその支援者たちから話を伺い、また市民団体の講演会や学習会のほか、インターネット上の言説、雑誌記事、論文、著書、訴訟関連資料などの情報から、児童相談所の介入の何が問題とされているのかについて考えてきた。一方で、児童福祉司や一時保護所の児童指導員など児童福祉の現場の専門職の話を伺い、また児童虐待に関する研究者の記述から、児童虐待が疑われるケースにおいて児童相談所が親との関わりの中で直面している課題について考えてきた。

児童相談所と親の対立は現行制度上やむをえないが、両者ともわざわざ対立し疲弊することを望んでいるわけではない以上、筆者には両者がまったく異なる制度設計上のニーズを有しているとは考えられない。そもそも児童相談所、あるいは広く児童福祉の世界は、「児童の最善の利益」という観点から「児童の福祉」を保障することにその第一義的関心がある。児童相談所と親が対立する事態は単に両者が疲弊するばかりでなく、両者の協力的な支援プロセスのなかで「児童の最善の利益」を追求するという児童相談所の本来的な業務の障壁になる。

児童相談所と親の対立関係は四つの観点から問題である。一つは児童福祉の理念である「児童の最善の利益」のために検討される家族再統合の可能性という観点から、一つは一人の人間としての尊厳をもつ親を支援するという社会福祉一般の観点から、一つは一人の市民としての親と政府＝統治権力としての児童相談所の関係という市民的政治的観点から、一つは「介入」に疲弊する児童相談所を解放し本来の業務である「支援」の態度と技術を回復させるという観点からである。

誤解や曲解を招きかねない難しいところであるが、社会福祉学の立場からいって、児童福祉論は「児童の最善の利益」という観点だけで児童相談所と親との関係を論じてはならない。「児童の最善の利益」こそが児童福祉の理念であることは否定できない。これは専門職と研究者の両方に共有されていることであろう。しかし学問領域としての児童福祉論は社会福祉学という母体の上に成り立つものであり、したがって社会福祉の理念を共有している。障害者福祉、高齢者福祉、女性福祉などさまざまな領域をもつ社会福祉学における社会福祉の理念は、ただ子どもへの熱い思いだけで追求できるものではない。

社会福祉の理念とは、まずもって社会福祉の実務家であればその対象者に対して感得するであろう「人間の尊厳」を中核的価値とし、彼らの尊厳ある生活を実現するために、市民的政治的議論に開かれた人権という権利の語彙を用いつつ、さまざまな福祉の理念の語彙（ノーマライゼーション、ソーシャルインクルージョン、自立支援など）を構成してきたところにある。これは「個人」と呼ぶべきかはともかく一人ひとりの人間の尊厳から発せられる理念であるから、実質的に社会の多数派を指す社会の「全体」のことを考えるというよりは、最後の一人も含めた社会の「全員」のことを考える態度である。子どもだけではなく、障害者だけではなく、高齢者だけではない。社会福祉の理念はむしろその外部、すなわち他者として、社会の「全員」から漏れ落ちかねない人々の声を聞くことを要求している。

児童福祉の議論に戻ると、筆者はときおり、子どものために（第一義）親を支援する（第二義）という決して疑われることのない児童福祉の前提に不安を覚えることがある。それはこの前提に問題があるというよりも、この前提から、子どものためであるとしていかに子どもの身柄を保護するか、いかに親の権利を制限するかという点に関心が寄っていく風潮への不安である。たとえ親が児童相談所と対決的な態度を示しても、一人の人間として「人間の尊厳」があり、彼・彼女自体を目的として支援する姿勢を放棄してはならない。

このことは理念であり、綺麗事であるが、社会福祉学は望ましい社会像を描いて理念に実態を近づけるものであって、厳しい実態に打ちのめされて理念を望ましくない実態へと近づけて自らを慰撫するものではない。まして児童相談所は統治権力であり、親は市民である。凄惨な児童虐待ケースへの義憤や恐怖のあまり、この厳然たる権力の非対称性を忘れてはいけない。

もちろん筆者含め児童福祉の研究者や実務家からすれば、児童虐待が疑われるケースにおける親も当然支援の対象であり、親は決して忘れ去られた存在ではないと答えることはできる。「児童虐待が疑われるケースでは、子どもの安全のために親の意向に反して子どもを保護することもやむをえないが、親は当然に支援の対象である」という典型的な思考を想起されたい。その内容は否定できない。問題はむしろ、否定されないがゆえに力をもつ暗黙の親イメージである。このとき親とは彼・彼女自体が目的となるのではなく、子どもの養育機能として観念されるという意味で、抽象化、手段化された存在となる。また児童虐待が疑われるような緊張度の高いケースにおいては、親が望ましい養育者であるかどうかをチェックする専門職の審判的態度が通底しており、推定有罪ともいわれる厳しい眼差しにより、親はすでに児童虐待をしているか、いずれしかねない存在となる。親も支援の対象とするのが児童福祉の常識であるとしても、支援という名の審判の視点がかえって親を息苦しくさせ、子どもの養育を考えるための協働関係の構築を困難にさせ、帰結として「児童の最善の利益」から遠ざかることになりかねない。親の権利と子どもの権利を対立的に捉えなければならない場面もあるが、連続的に捉える視点を放棄してもいけない。

以上のような考えから本書を執筆した次第である。その構成は以下である。

第1章では児童虐待が疑われるケースを考える上で想定されるモデルを三つに分けて紹介し、その関係について述べる。

第2章では児童相談所批判の言説を整理し、それらが必ずしも親側の無理難題な言い分なのではなく、研究者や実務家の中からも同様の問題意識がもたれてきたこと、したがって児童相談所と親との関係のあり方を考える上での今日的課題として扱えることを示す。

第3章では児童虐待が疑われる場合の専門職や研究者のもつ親の典型像、すなわち親イメージについて整理し、そのイメージの拭い難さについて社会福祉学の立場から考察する。

第4章と第5章では児童相談所と親の双方が疲弊する状況に対して今後ますます検討されるべきテーマを扱う。第4章では規範的な視点から子どもの引き離し前の司法審査の導入について、第5章では経験的な視点から介入者である児童相談所とは異なる親への支援者の必要性について述べる。

第6章において、これまでの議論を踏まえて児童相談所と親との対立に関するいくつかの提言をする。

最後に、児童福祉領域以外のケースワーカーから児童福祉司となったAさんとの対談、そして一時保護所児童指導員のBさんとの対談を載せている。社会福祉の理念を共有しながらも外側の目をもって、「支援」という原則が形骸化しないように児童相談所の役割について考えることができた。

本書を執筆するにあたって、児童相談所と対立する親やその支援者側の人々の記述や児童相談所を中心とする現場の専門職や児童福祉関係の研究者による記述をなるべく用いるよう心掛けた。したがって全体として意図的に引用を多く用いている。筆者が知見する事例をなるべく多く用いたいところであったが、個人の特定可能性を最小化すること、また文献中心の議論でも読者に本書の主旨を理解してもらえると考えられたことなど、さまざまな点から、公刊されたもの以外についてはなるべく控えることにした。

引用を多く用いることは単に議論のバランスを保つという考えからではない。むしろ本書は読み手の立場によって異なる意味で偏ったものに映るかもしれない。社会福祉の研究者や実務家の立場からすると、親の立場や言い分を受け止めて紹介することは、それ自体が現場への敬意や共感的姿勢が足りていないと思うかもしれない。その一方で児童相談所の対応のまずさや不当性を指摘する親や彼らを支援する人々からすると、児童相談所という統治権力に対する批判精神が乏しく、あくまで社会福祉の研究者や実務家のコミュニティの内部におり、むしろ現場への敬意や共感的姿勢が強すぎると思うかもしれない。児童虐待ほど論争の絶えない分野はないといわれる。それほどにポジションへの関心がつきまとうのがこの領域であるから、中立性やバランスというのは非常に難しいものである。ただ、誰が誰の味方をしているのか、どのポジションにつくのかより、親と児童相談所の関係をめぐってさまざまな立場にある人々の言説を踏まえつつ、児童虐待が疑われるケースに関する制度のあり方をめぐって一定の方向性を示せるような議論を行っていくことが重要である。本書がその一役となれば幸いである。

なお本書は篠原拓也『児童虐待の社会福祉学――なぜ児童相談所が親子を引き離すのか』（二〇一八年三月、一粒書房）を修正したものである。無名の若手研究者の専門書などどうせ売れないだろうという予測から、少部数を出版社とAmazonのみでの販売にしたところ、品切れで入手できない、増補を出してほしいとの声が多く届いた。一粒書房さんの担当者と検討した結果、増版ではなく学術書に強い他出版社から改訂して出版することが望ましいと結論した。そこで大学教育出版さんに依頼し、出版させて頂いた次第である。

児童虐待の社会福祉学

―なぜ児童相談所が親子を引き離すのか―

目次

児童虐待の社会福祉学

――なぜ児童相談所が親子を引き離すのか――

第1章　児童虐待対応をめぐる三つのモデル

児童虐待が疑われるケースにおいて子どもが「保護」される場合とは、親子が引き離される場合である。[1] そのようなケースにおける子ども、親、児童相談所の関係について私たちはどのようなイメージをもつだろうか。[2]

本章ではまず児童虐待が疑われるケースの理解において私たちが依拠しうるモデルを三つに分けて概説し、それらの関係を説明する。

1　児童虐待のモデル

凄惨な事件が頻繁にテレビや新聞、ネットニュースで取り上げられることで児童虐待が深刻な社会問題として高い関心を集めている。厚生労働省によると児童相談所の子ども虐待対応件数は統計をとり始めた一九九〇年には一一〇一件であったが、二〇一七年には一三万三七七八件であり、約一二一倍となっている。[3] 実際に凄惨な虐待行為の発生件数が増加しているかどうかは議論の余地があるが、社会的関心は高まっているといえる。[4] メディアでよくみられる論調はこうである。虐待死の悲劇を起こさないために、私たちは「怪しい」と思ったら直ちに市町村や児

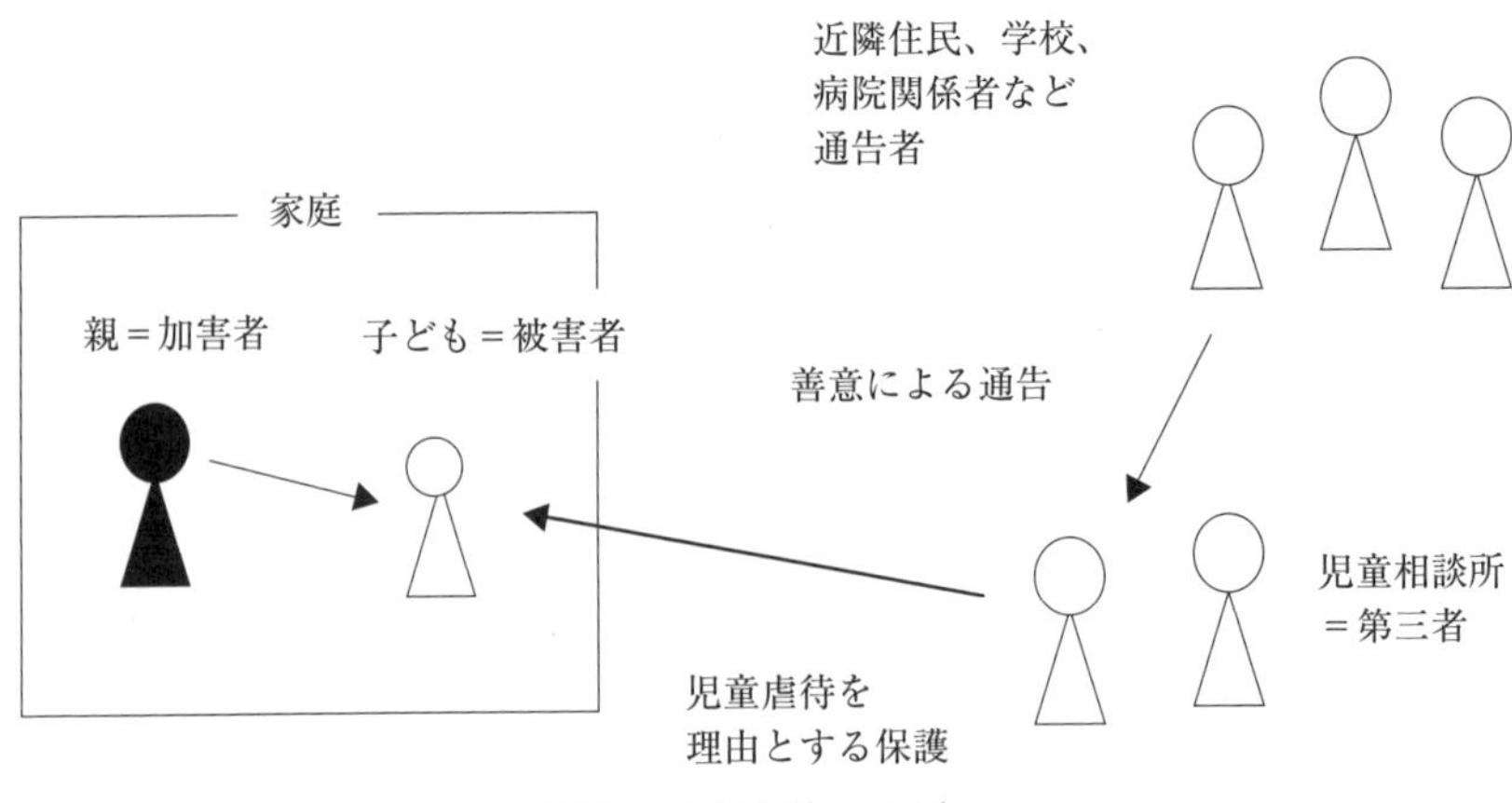

図１　児童虐待のモデル

童相談所に通報するべきであり、そして児童相談所は迅速に家庭とその周辺状況を調査し、なるべく早期に子どもを親から引き離し、診断を行い、医学的治療や心のケアを与え、施設や里親など社会的養護の下におくべきである……。

このような物語において、児童虐待は無力でかわいそうな〈被害者〉としての子どもと精神的に未成熟で愛のない、あるいは愛し方がわからない不適切な〈加害者〉としての親という明確な二者関係として捉えることができる。その二者関係に介入し、児童虐待の背景にある親や家庭の病理に対処するのが児童相談所であり、児童相談所にいち早く繋げるのが近隣住民や学校関係者、病院関係者などの通告者である。そこで児童相談所や通告者は家庭に介入することで親の児童虐待から無力な子どもを守る正義の〈第三者〉と想定され、児童虐待が疑われるケースの物語を共に作り上げる存在というよりは、物語の外部の存在として観念される[(5)]。そこでは〈子ども＝被害者〉〈親＝加害者〉〈児童相談所＝第三者〉というモデルが想定されている。このモデルをここでは「児童虐待のモデル」と呼ぶことにする（図１）。

「児童虐待のモデル」は統治権力である児童相談所が市民の私生活に介入してこないように市民が監視するという発想ではなく、逆に児童相談所が積極的に市民の私生活に関与して子どもの安全を保障するように市民が監視するという発想によるものである。「児童虐待の防止等に関する法律」（以降、児童虐待防止法）第六条には「児童虐待を受けたと思われる児童を発見した者は、速やかに、これを市町村、都道府県の設置する福祉事務所若しくは児童相談所又は児童委員を介して市町村、都道府県の設置する福祉事務所若しくは児童相談所に通告しなければならない」とある。積極的に通告を促しているといえる。なお児童相談所は個人を特定する児童虐待の情報については「通告した方がいいのか」と相談することも通告として処理するので（才村 二〇一二）、通告の概念は一般的なイメージより広いかもしれない。

児童相談所への積極的な通告を促すことにはもちろん有用性がある。一つは児童相談所の介入機能に着目した理解として、児童相談所に強力な権限がなければ家庭という閉鎖的空間で起こる凄惨な児童虐待を発見したり有効に介入したりできないことだ。メディアはそう思わせるような凄惨なケースを積極的に取り上げているので、これは理解しやすいだろう。もう一つは児童相談所の支援機能に着目した理解として、凄惨な児童虐待ケースへの対応に限らず、近隣住民からの通告をきっかけに養育上の困難を抱えながら孤立無援の状況にある親に早期に適切な支援が届けられることで、養育機能を回復したり近隣住民との関係を構築したりできる場合もあることだ（例えば、矢崎 二〇一二）。いずれも子どもにとって重要な意義があるが、今日では前者こそが重視されているように思われる。

「児童虐待のモデル」は、児童相談所に権限の強化だけでなく専門職としての意識や態度の強化も求めている。児童虐待に関する議論においてはしばしば「抵抗する親にも毅然とした態度で臨み……」という表現が用いられる。子どもを部屋に隠して出さなかったり、激昂して延々と抗議したり、実際に職員に危害を加えたり、子どもを保護しても実力で奪還しようとするなど、親のさまざまな行動があるなかで子どもの安全を確保するには、対決的ともいうべき態度で臨むべき場面もある。そのように対決的な姿勢となってでも介入を行うことは、社会福祉学において「介入的ケースワーク」ないし「介入的ソーシャルワーク」と呼ばれる[6]。

児童虐待が疑われるケースでは、火のない所に煙は立たぬという具合で親はまずもって児童虐待の〈加害者〉であると想定される。つまり児童虐待の事実関係の確認において、児童虐待があるかないかというよりも、すでにあるはずの児童虐待を発見できるかどうかという態度が児童相談所に求められている。「疑わしきは被告人の利益に」という刑事事件の「推定無罪」原則のアナロジーとしてマーゴリンはこれを「推定有罪」と呼んでいる（Margolin 一九九七：二〇〇三）。日本の現行制度を前提にすれば、「推定有罪」の態度それ自体に対して児童相談所を批判してももはや仕方がない。「推定有罪」は今日の児童相談所にとっては単なる意気込みや心構えというレベルではなく、業務上の必要として課せられているといっても過言ではない。

しかしながら、メディアや市民が一丸となって児童相談所の権限を増強するよう煽る風潮に対してはもう少し冷静な態度が必要である。そのような論調を強めると、児童相談所に家庭への強権的な介入を迫ることによって生じるさまざまな問題を見過ごすことに繋がりかねない。

2 児相問題のモデル

児童相談所の強権化は刑事司法分野における被害者支援やストーカー対策、DV対策などの動向と同じ流れにあると考えることができ、現代の日本においては概して統治権力による市民への介入を受け入れやすい傾向が強めているものと考えられるが（吉田 二〇一三）、それにしても児童虐待に関してはこの傾向が顕著であるように思われる。

子どもを養育する親のリアリティとしては、ときに、確信された養育、一時の失敗、やむをえない出来事によって、あるいはまったく原因のわからないままに子どもがケガや病気をしていることもある。そのような状況で、近隣住民や学校関係者、病院関係者などの他者から児童虐待であると疑われ、通告され、児童相談所が訪ねてきて明らかでない基準で児童虐待であると説明され、弁解しても聞く耳をもたれずに子どもと引き離されたならば、いわば「冤罪」という認識が生じるのも無理はない。

今日では児童相談所の介入を受けた親や、彼らの権利擁護のための支援を行うさまざまな専門職や市民団体、その他の人々が児童相談所のあり方について疑問視し、批判的な言説を発信している。彼らはインターネット上の告発のみでなく、市民団体として講演会・シンポジウムなどの活動をしたり、著書や論文を公刊したりするなど、さまざまに活動している（文献では例えば、内海 二〇一三、水岡 二〇一四、釣部 二〇一四、南出・水岡 二〇一六）。[7] それらの活動の総体が、親たちに「児童相談所問題＝児相問題」と呼ばれるものである。[8]

児童相談所によって不当な介入を受けたと主張し、「児相問題」として児童相談所を非難する親たちは、その多くが意に反する引き離しによって子どもと離れて暮らしているか、その可能性を予期しているか、あるいは過去にそのような経験をしたという点で緩やかに立場を共有している。「児相問題」の言説は児童相談所の誤解や不誠実に基づく親子の引き離しによって受けた経済的、時間的、労力的な負担、そして何より子どもと引き離されたことによって辛い日々を過ごさなければならない精神的負担など、さまざまな苦しみを訴える。それは児童相談所によって引き離された子どもを取り返すための活動という意味におさまらない。それは統治権力による市民への不必要で不当な干渉があることを非難するとともに、子どもに対しては強者である親も、児童相談所という統治権力を前にしてはほとんど孤立無援な弱者であるという端的な事実を表している。今日では児童虐待を許さないという世論感情は呼び覚まされても、虚偽や誤解によって親子を引き離す冤罪というべき権力濫用を許さないという、こちらの世論感情は呼び覚まされない。

「児相問題」の言説はＳＮＳが普及した二〇〇七年頃からみられるようになったが、アカデミズムにおいては二〇一〇年に社会学者の上野加代子によって若干触れられている。

児童虐待の定義が拡大され、虐待判定の「専門家最優先」現象が一般化してくる中で、専門家によって「虐待」と判定された親たちの「冤罪」の支援に乗り出しているグループも出現しているほか、「虐待者」と判定された当事者がネットなどを通じて児童相談所など専門機関における判定のあり方を批判している（上野二〇一〇ａ：一二一）。

児童相談所に対する〈被害者〉意識を有する親たちはＳＮＳの発見以前にも報道機関の取材に応じたり、研究者などの専門家に相談したりすることもあったが、それらが取り上げられ公に紹介されることはほとんどなかった。一般にアクセス可能な情報として記録化され公開されたのは親自身によるインターネットでの事例の記述ばかりで、それらは一部の特殊な親の逆恨みか、あるいはあまりに特殊な事例なので批判的意味をもたないものとして一蹴されうるものであった。多くの親が孤立した状態であったが、ＳＮＳの使用によって児童相談所のいわば〈被害者〉同士の言論空間と、「児相問題」を訴える場を獲得し、情報交換が活発化した。報道機関や研究者が取り上げることは未だ稀であるが、当事者である親にとって「児相問題」が虚偽や誇張としてではなく、実は多くの人々が経験していた問題として共感されることが可能になった。

「児相問題」の言説を実際に発信したり、あるいはこのような言説に共感したりする親は少なくないと考えられる。全国児童相談所長会「全国児童相談所における家庭支援への取り組み状況調査」（平成二一年）によると、児童相談所が「児童虐待」とみなしたケースのうち、何らかの形で児童虐待の事実を否認しているケースが三五％（児童虐待の事実を認めているケースが三一％、不明・無回答が三四％）であるから、児童虐待が疑われるとして児童相談所に介入されることを不当であるとして不満をもっている親の割合は今日でもそれなりに高いと考えられる。

また「児相問題」の言説は一時保護や施設入所の不当性にのみ向けられているのではなく、初期対応から終結までの全体に向けられている。「児相問題」の言説では児童相談所やそれらと連携する機関や人々を〈加害者〉とし、親

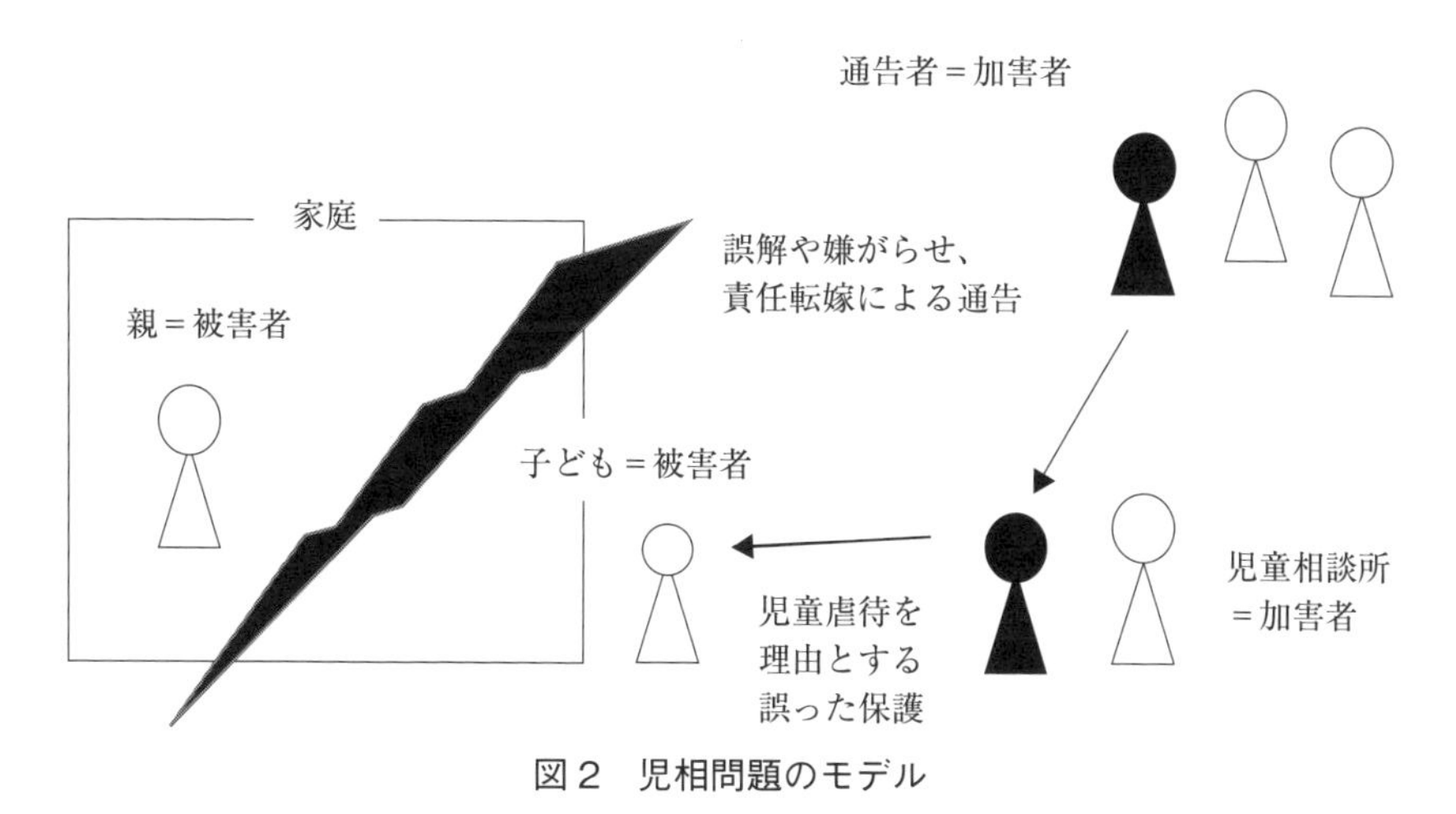

図2　児相問題のモデル

と子どもを〈被害者〉とする。ここでは児童相談所を〈第三者〉という安全な場所から引きずりおろし、児童相談所こそが〈加害者〉なのだと指摘する。このような、〈親＝被害者〉〈子ども＝被害者〉〈児童相談所＝加害者〉というモデルをここでは「児相問題のモデル」と呼ぶことにする（図2）。

児童虐待が疑われるケースを理解する上で「児童虐待のモデル」や「児相問題のモデル」に依拠している場合、そこに真の〈被害者〉、真の〈加害者〉をめぐる争いが起こりやすい。ケースの物語の性質を〈加害者／被害者〉性が強く規定するのである。ホルスタインとミラーはある利害関係状況における〈被害者／加害者〉性の主張によってミクロ政治的に当該のケースの物語性に影響を与えていくことを「被害者コンテスト」と呼んでいる（Holstein and Miller 一九九〇）。児童虐待が疑われるケースにおいても「被害者コンテスト」的な状況が生じる。それは初期対応の現場において、また一時保護などの権限行使の時点において、また子どものその後の処遇を決定するためのコミュニケーションや記述行為において、また親側からの不服審査や訴訟の申し立てにおいて、またインターネットなどの言論の場において、そしてテレビや新聞、ネットニュースなどによる言論と記述の場において生じる。

児童虐待が疑われるケースにおける児童相談所の姿勢は今や「推定有罪」であり、児童相談所がその姿勢で介入することを自体が親を〈加害者〉としてラベリングする力をもっている。親はたとえ児童相談所職員から直接に「あなたの行為が児童虐待であるとまでは言いませんが」といわれているときでさえ、自身の「無罪」を主張する準備がなければならないと警戒する。そもそもこの緊張した状況がすでに、親にとって、職員の無意識の眼差しや何気ない対応に対して〈被害者〉意識を深めやすくしている。

3　児童福祉のモデル

児童福祉の理念

「児童虐待のモデル」においては、介入的ケースワークと呼ばれるように、児童相談所は家庭に積極的に介入し、〈加害者〉から〈被害者〉を守る〈第三者〉と想定される。これに対して「児相問題のモデル」では児童相談所は不必要に親子を引き離す〈加害者〉であると想定される。

しかしそもそも児童福祉の理念や役割から考えると児童虐待が疑われるケースにおいて〈加害者／被害者〉関係は、親子を引き離すかどうかに際して判断材料にはなっても、決定性はない。児童相談所は親も子どもも「支援」の対象とする支援者である。(9) 児童相談所は児童福祉法第一二条に基づき設置された児童福祉の専門機関であり、『児童相談所運営指針』によると「市町村と適切な役割分担・連携を図りつつ、子どもに関する家庭その他からの相談に応じ、子どもが有する問題又は子どもの真のニーズ、子どもの置かれた環境の状況等を的確に捉え、個々の子どもや家庭に最も効果的な援助を行い、もって子どもの福祉を図るとともに、その権利を擁護すること」を目的とする。

児童相談所は歴史的にみれば戦後の戦災孤児・浮浪児対策を主流とした要保護児童への対応からはじまり、高度経済成長を経て家庭機能が外部化し縮小するなかで子育ての社会的サポートの必要の認識が高まり、非行、障害、不登校やひきこもりなど時代ごとにあらわれるニーズに対応し、今日の児童虐待対応中心の状況に至っている。児童相談所は児童虐待に主眼が置かれた専門機関ではなく、また専門機関といっても「ソーシャルワーク機能、クリニック機能、行政的措置機能を統合的に保持する機関」（竹中 二〇〇〇：四）として権力装置の一極集中型、親分型で取り扱う独特の形態をもつものである。

児童相談所の活動の枠組みを与える「児童福祉法」と「児童の権利に関する条約」において重要なのは、児童虐待の事実性というより、まずもって「児童の最善の利益」という視点であり、そこから検討される「児童の福祉」という生活環境ないし養育環境である。「児童の権利に関する条約」第三条が以下である（波線部は引用者、以降同様）。

第三条

一　児童に関するすべての措置をとるに当たっては、公的若しくは私的な社会福祉施設、裁判所、行政当局又は立法機関のいずれによって行われるものであっても、児童の最善の利益が主として考慮されるものとする。

二　締約国は、児童の父母、法定保護者又は児童について法的に責任を有する他の者の権利及び義務を考慮に入れて、児童の福祉に必要な保護及び養護を確保することを約束し、このため、すべての適当な立法上及び行政上の措置をとる。

この条約の精神に則って子どもの権利一般を保障する国内法が児童福祉法であり、児童福祉法の理念（第一章総則）は以下の通り規定されている。

第一条　全て児童は、児童の権利に関する条約の精神にのつとり、適切に養育されること、その生活を保障されること、愛され、保護されること、その心身の健やかな成長及び発達並びにその自立が図られることその他の福祉を等しく保障される権利を有する。

第二条　全て国民は、児童が良好な環境において生まれ、かつ、社会のあらゆる分野において、児童の年齢及び発達の程度に応じて、その意見が尊重され、その最善の利益が優先して考慮され、心身ともに健やかに育成されるよう努めなければならない。

第三条　前二条に規定するところは、児童の福祉を保障するための原理であり、この原理は、すべて児童に関する法令の施行にあたつて、常に尊重されなければならない。

児童虐待の文脈において「児童の最善の利益」の視点から「児童の福祉」を追求することを第一義とすることは、二〇〇〇年の児童虐待防止法の制定など児童虐待への対応システムが整備されるに連れて自覚されはじめた「パラダイムの転換」であるとやや大げさにいわれることもある（川崎 二〇一一ａ）。アカデミズムにおいては条約を批准した一九九〇年代からこの条約に整合するように国内の児童福祉を理解してきた。児童虐待が疑われるケースにおいても、児童相談所にとって重要なのはまずもって「児童の最善の利益」の視点から「児童の福祉」を追求するという理念であり、そしてそのための手段として「支援」を行うことである。

「児童の最善の利益」とは子どもの人権を包括的に保障する趣旨の「児童の権利に関する条約」の主眼である the best interests of the child の和訳である。the best interests of the child は、締約国のすべての立法機関、司法機関、公的・私的社会福祉機関の活動において子どもを保護し、子どもの権利を促進あるいは制限する場合、さらに親の権利を制限する場合の活動基準であり、かつ親における子どもに対する第一次的養育責任の指導原理であって、その内容は子どもの発達の可能性あるいは成熟・自立への成長過程の保障にある（北川 一九九五）。

ただ「児童の最善の利益」の視点が子どもの発達権保障であるとしても、その内容が詳細に詰められ明確化されてきたわけではない。「児童の権利に関する条約」の批准に伴って新たに「児童の最善の利益」の意味を明確化した法律が作られたわけではなく、児童福祉法の運用で対応されているという具合である。この状況に関して「その後の児童福祉法の改正、そして児童虐待防止法成立とその改正は、ハイ・プロファイルな事件の報道や世論の動向、そしてさまざまな政治的思惑に対して、その都度対処するという形で行なわれている。刹那的、場当たり的、対症療法的な政策と立法の典型的例である」（芝野二〇〇五：三六六）と厳しい声もある。

「児童の福祉」という理念は、児童福祉法にも記述があるが、「児童の権利に関する条約」における well-being of the child のことである。well-being とは抽象的にいえば幸福追求のための諸条件となる生活環境であり、「よい暮らし」など、さまざまに表現される。社会福祉学では日本国憲法第二五条の生存権と第一三条の幸福追求権に照らして説明されるのがお決まりである。

要するに児童福祉の理念とは、子どもの成長発達の観点から最善の生活環境を追求することであり、単に子どもを大人が保護すればよいとか、死んだり病気になったりしないレベルで生活を保障すればよいという発想ではなく、その子どもの成長発達にとって最も望ましい生活環境に向けてすすんで整備していくという積極的な意味がある。

したがって児童虐待が疑われるケースにおける児童相談所の介入も、より基本的な枠組みからいえば、児童虐待の事実の認定やそれに基づく〈加害者〉の断罪というより、当該の子どもの発達権保障やそのための生活環境の整備を中心とした「支援」の発想に基づくものである。明確に〈親＝加害者／子ども＝被害者〉という関係が認められるから親子の引き離しを検討するというよりは、「児童の最善の利益」の観点から「児童の福祉」を保障するためにそれを検討するのである。親子が引き離される場合、子どもはピンポイントに「被虐待児童」と観念されるのではなく、より一般的な「要保護児童」として観念される（児童福祉法第二五条にあるのは「要保護児童」であり、児童虐待を主訴として保護される子どもも「要保護児童」である）。

このように児童福祉の原理から児童虐待ケースを理解する立場では、児童相談所は親子の支援者として想定される。これを「児童虐待のモデル」や「児相問題のモデル」とは別種の「児童福祉のモデル」と呼ぶことにする（図

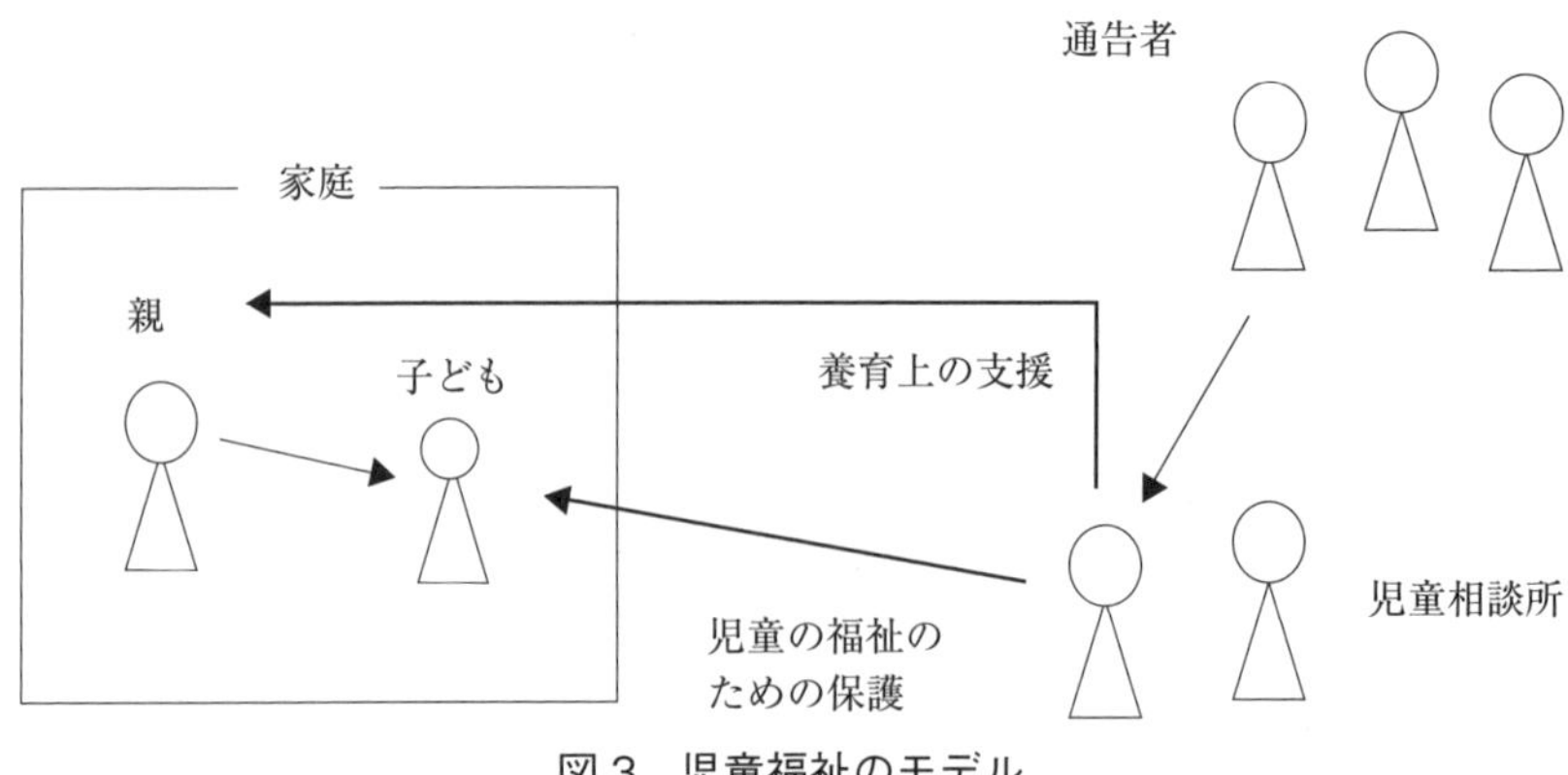

図３　児童福祉のモデル

3）。

「児童福祉のモデル」の視点に基づけば、支援こそが一貫した行動原理であるから、「介入的ケースワーク」やこれを促す「児童虐待のモデル」は、「児童福祉のモデル」の内部に生じた必要悪的な異物である。実際、厚生労働省の「子ども虐待対応の手引き」（平成二一年度版）（以下、「手引き」）によると、「介入的ソーシャルワークの基本理念は、介入による摩擦や対立をソーシャルワークの重要なステップとして位置づけ、介入と保護者支援を統合することにより、よりよい改善を具体化させること」（一五四頁）である。それはあくまで支援という枠の中の一段階である。[10]

そうであるから、本来「児童虐待のモデル」とその系としての介入的ソーシャルワーク、児童虐待の事実認定、〈加害者／被害者〉性の強調は、誤解をおそれずにいえば便宜上扱われているだけで、絶対に必要なものではない。

児童虐待の加害者性の扱い

もちろん、児童相談所が〈親＝加害者／子ども＝被害者〉という関係をわざわざ強調する必然性がないからといって、児童虐待をするような親がまったく加害者性を有していないことになるわけではない。例えば、「児童虐待の防止等に関する法律」（二〇〇四年改正）において児童虐待は人権侵害であると記されている。

> 第一条　この法律は、児童虐待が児童の人権を著しく侵害し、その心身の成長及び人格の形成に重大な影響を与えるとともに、我が国における将来の世代の育成にも懸念を及ぼすことにかんがみ……

児童虐待は素朴に加害行為といって不自然ではないし、法律で「人権を著しく侵害し」という強烈な言葉を用いる以上、そこに〈被害者／加害者〉という関係を見いだすことはできる。また児童相談所が児童虐待を理由に含めて親子を引き離した場合、その後の家庭復帰ないし何らかの形で家族再統合を図る過程において、児童相談所は親に対してかつての養育の仕方について子どもに謝罪するよう促す場合もあるだろう。その場合、その要求はケースの物語を決定づける最終的な親への〈加害者〉ラベリングとなり、親、子ども、児童相談所等、複数の立場でそれを共有することになる。また、親が子どもの施設入所は認めているが児童虐待を認めていない場合にあえて二八条審判を行う場合もある。これは親からすると不自然かつ悪意的に映るものであるが、そのようなやり方への評価はともかくこの場合には児童相談所が積極的に親の児童虐待の事実の認定とその〈加害者〉ラベリングを行っていることになる。

また、親との摩擦を避けるために児童虐待としての加害者性を説明しなかったり曖昧にしたりすると、親に振り回されてその後の支援がうまくいかなくなるため、支援の観点からも加害性をはっきり説明した方がよいという立場もある（才村 二〇一一a）。こうした児童虐待の加害者性の強調は、実務上の方法的な意義をもつ。

しかしそれがいくつかのケースにおいて方法的な意義をもつとしても、支援の過程ではっきりと「認定します」と告知する法的義務や実務上の必然性があるわけではない。むしろどちらかといえば、実務上、初期対応から親の加害者性を前面に出すことは支援において妨げになるという見方のほうが強い。

今日では児童相談所＝児童虐待への対応というイメージが定着しており、児童相談所から連絡があったというだけでショックを受けたり怒ったりする親もいる（佐藤 二〇一五）。専門職や研究者にとって児童虐待を通告したり認定したりすることと親を責めることとは別の事柄であり、「通告は告発ではない」（田崎 二〇一六）と専門職が考えていても、実際に通告されて児童相談所から介入を受ける親からすればそうはいかない。今日の世論感情からいってそれは不可避的に告発と責めの意味をもってしまう。

二〇〇四年の児童虐待防止法改正以降、市町村や福祉事務所の長、児童相談所長は「近隣住民、学校の教職員、児童福祉施設の職員その他の者の協力」を得て必要な措置をとれるようになり、児童相談所による学校や近隣住民への聞き取りが積極的に行われている。児童相談所がやって来ることそれ自体が、聞き取りを受ける側において当該の親の「児童虐待」行為を推測させることを考えれば、「虐待」の言葉を使うかどうかという以前のレベルで親はスティグマを受けやすい状況がある。それは子どもの安全という点で必要な作業であるが、その後の支援に必ずしも馴染む発想とはいい難い。

そうであるから、今日では専門職や研究者らの間ではなるべく親の加害者性を強調しないように「虐待」という言葉の使用に配慮する必要性が語られている。

児童虐待という言葉は、すでに強いスティグマ（烙印）性を持ち合わせており、時に犯罪的な色あいさえ持っている。児童虐待ケースとして、児童相談所から調査を受けること自体、不名誉なことと感じる保護者に出会うことも多い（山野 二〇〇六a：三二）。

『虐待』と言ってしまうと『加害者』という処罰的ニュアンスが相手に伝わる。その言葉を聞いて、親がショックを受け立ち直れるならいいのですが、すべてを否定されたと思ってしまう人には『虐待』という言葉は使わないほうがいい（座談会 二〇一三：一四八）。

「あなたのやっていることは、虐待にあたりますね」といってしまうと、その後の信頼関係の構築はほとんど不可能である（松田 二〇〇八：一〇）。

また牧真吉は児童虐待への関心を向ける現代の日本社会には「虐待であるかないかという不毛の文化」があるとして以下のように述べている。

虐待という言葉、マスコミの責任追及のような報道は、社会の支えによって成立している子育ての支えを奪ってしまっている（牧 二〇一五：四四）。

私たちが行いたいことは何なのであるか。子どもが皆健やかに育ってもらいたいのではないか。そうであるならば虐待という概念を放棄する方が適切な対応がしやすくなる（牧 二〇一五：四五）。

実際、児童福祉の専門職において「児童虐待」という言葉はその「虐待」という記述や音から感じられる残酷なイメージを意識してテクニカルに統制されて扱われる用語となっている（内田 二〇〇九）。児童虐待が疑われるケースにおける〈加害者〉とはレトリカルで技術的な概念である（むしろ専門職の見方によれば親は児童虐待を行っていたとしてもある意味で〈被害者〉に映る。第3章参照）。専門職は児童虐待が疑われるケースに対して「虐待」を過剰に意識することなく、あくまで「児童の最善の利益」の観点から「児童の福祉」を追求するという使命に照らして思考すべきである。つまり「児童虐待のモデル」ではなく「児童福祉のモデル」に依拠することである。

4　三つのモデルの関係

一九九〇年代以降、「支援」を中心とする児童相談所の「児童福祉のモデル」はその内部にいわば必要悪的な異物として生じた「児童虐待のモデル」についに代わられ、児童相談所が家庭への積極的な介入を促された結果、介入の不当性を訴える「児相問題のモデル」が登場するに至っている。

本来、児童相談所は児童虐待の事実認定を条件として親子を引き離すことを目的とする機関ではなく、誰が真の〈加害者／被害者〉であるかが決定的な重要性をもつわけではない（山本 二〇一一、三枝 二〇一二a）。しかし児童虐待の社会問題としての深刻化によって、児童虐待が疑われるケースに対してメディアや世論、それに引っ張られる形で専門職や研究者までもが、依拠するモデルを「児童福祉のモデル」から「児童虐待のモデル」へと変化させつつある。

引用がやや長くなるが、児童虐待が疑われるケースにおける「児童福祉のモデル」から「児童虐待のモデル」への移行がいかに児童相談所に混乱と疲弊をもたらしたか、専門職や研究者から幾度となく言及されてきたことを強調しておきたい。

実際、現場の職員たちは、「児童虐待時代」以降、さまざまな葛藤やディレンマに引き裂かれる思いで仕事をしている。保護者の思いと子どもの思い、子どもの安全性と家族のつながり、保護者との信頼関係と行政的な責任、こうした異なる価値観に板挟みになっている。相談援助のあり方を、「相談モード」／「虐待モード」と切り分けながら、これまでは「相談モード」、ここからは「虐待モード」と気持ちを整理せざるをえない状況もある。しかし、その境界はどこなのか。また、そんな二分法的な切り替えが人間相手の仕事において簡単に成立するのだろうか（山野 二〇〇六a：四七）。

児童相談所というのは、元々は何でもやりますというところでした。障害児の問題をかなり積極的にやっていた時代もありますし、いわゆる不登校の相談が中心だったときもあります。とにかく、要保護性が高い低いとは別に、児童相談所はその時々の広範な児童問題に何でも取り組みますということでやってきたのですが、今や一言でいうと、そんなことをやっている暇はありませんよという仕事のやり方になっています（座談会 二〇〇九：八）。

もともとは保護者を相談当事者とし、支援者の受容・傾聴と当事者の同意・承諾を基本として設定されてきた支援の要点が、保護者への支援から子どもの安全確保に移動し、突然、初動から、相談契約も同意・承諾も前提としない介入的アプローチの方向に拡張されたのである……（中略）……児童虐待防止法によって改めて設定された介入的対応は、例外でも、万策尽きた上での選択肢でもない、初動対応からの基本的な児童相談所の責任業務となった（山本恒 二〇一三：二六八）。

臨検捜索といった強行的な介入方法や、応訴といった複雑な法的対応は、当事者である子どもや保護者と関係を構築しながら……といったケースワークとはまったく異なる性質をもっています。こうした状況の中、職員は、ケースを〝捌く〟というやり方をしていかなければ、業務が何も回らなくなってしまうようになりました（岡崎 二〇一五：一七）。

数年ぶりに戻った児相は、虐待対応センターとでも呼んだ方が似合う組織に変わっていました。子どもとビーズのアクセサリーやクッキーを作った相談所は消え、「福祉警察」と揶揄されるように、通告が入ると一瞬にして緊張感が漂い、確かに警察ドラマのようです。職員に初期対応の指示を出す私は、さしずめデカ長でしょうか。先日、知人との会話でお子さんの習癖が話題になり、「児相に相談してみたら」と助言すると、「児相にそんな相談ができるの」と驚かれてしまいました。相談所が相談する場所として認知されていないとすると、困ったことです（石橋 二〇一五：一〇－一一）。

このくらいにしておこう。われわれが児童虐待が疑われるケースにおいて「介入」と「支援」を児童相談所という同一機関で行うことをやむなしとして認めるとき、同時に児童相談所が本来的なあり方を控えることもやむなしと認めている。児童相談所内部の意識として支援という児童福祉のマインドが抑制されることに繋がるのである。

近年、子どもを保護しきれない児童相談所への批判が高まるなかで、あたかも時計の振り子が左右に大きく振れたかのように、職員の中には「ソーシャルワークは虐待事例の前では無力」であるとして、ことごとく強権的に介入すべきであると公言してはばからない職員もいる。「児童相談所は福祉警察化しつつある」といわれる所以である（才村 二〇〇五：二〇）。

親が児童相談所の介入の不当性を指摘する際に、児童相談所が具体的にどのように児童虐待を定義したり認定したりするのか、誰が真の〈被害者／加害者〉なのかという類の関心が生じる傾向も、児童相談所の本来のあり方からいってそれ自体は目的的ではないし、手段としても必然性をもつものではない。しかしながら児童虐待が疑われるケースに関しては、積極的な介入を促す意味で児童相談所を非難する市民（児童虐待のモデル）にも、逆に不必要な介入に対して児童相談所を非難する市民（児相問題のモデル）にも、児童相談所は児童虐待の事実性を認定することを条件に親子を引き離すものと前提している場合が少なくない。筆者も、児童虐待の事実性に関心が向かうこと自体が不自然だというつもりはない。ただ、そこに関心を向けた制度設計を望むのであれば、よほど科学的で基準のはっきりした手続きでそれを行っていなければならないはずであり、そもそも児童相談所にそのような役割まで負わせるべきかという地点から考えていく必要がある。

児童相談所という機関が凄惨な児童虐待事件とワンセットで周知された結果、「支援」のイメージが薄れるとともに、強権的に「介入」し「児童虐待」のレッテルを貼りつけるイメージが強まってきた。それは単なるイメージではなく、実務として児童相談所はそのように方向づけられている。その帰結として児童相談所に対抗する「児相問題」の言説が出てくるのも当然である。そして、児童相談所としては児童虐待というべき行為が事実としてあったかなかったかとは別に子どもを保護するべきかどうかの判断が求められている一方で、親たちの発信する「児相問題」の言説の多くが「児童虐待は事実ではなく通告は誤解だったのに保護された」という主張を含んでいることも当然である。

繰り返しになるが、児童虐待が疑われるケースにおける三つのモデルの関係とは、「児童福祉のモデル」に基づきあくまで「支援」の枠組みに基づきながら、その実「児童虐待のモデル」に依拠して警察のように強権的に介入するようになった結果、警察による冤罪の相似形としての「児相問題のモデル」が登場するに至ったと理解できる。戦後の浮浪児狩りならともかく、というよりそれさながらに、児童福祉の枠組みの中で警察のような実務を行うことの不整合と危うさが、今日、児童相談所の側からも親の側からも戸惑いや疲弊の声として表出している。

5　児童相談所のジレンマ

ブレーキのない車で

児童相談所の保護機能の主眼は、古くは戦災孤児の保護にあった。ここでは治安維持などの古典的な社会福祉の側面を除けば、児童の福祉のために保護を行うという発想があった。無論、一九九〇年代以前にも児童虐待が疑われるケースへの対応はあったが、今日のように審判的態度や介入を基本とする発想ではなく、また親子の引き離しを最後の手段に位置づけておくような冷静さ、時間をかけて長い目で親子を支援するという姿勢が、児童相談所にはあった。

やがて戦災孤児を保護する必要性が薄れ、児童相談所は大きな制度変更もないまま「相談所」としての役割を果たしてきた。しかし一九九〇年代に入り、強烈な感情の揺さぶりを与える児童虐待というテーマが社会問題として扱われるようになると、既存の枠組みのまま更なるアグレッシヴな対応が児童相談所の業務として求められた。すると、児童を保護する枠組み（強力な権限だが、行為の事実認定や被害者・加害者扱いを抜きに単に子どものためということでまだ納得しやすい枠組み）と児童虐待というケースの性質（どうしても行為の事実認定や被害者・加害者扱いに敏感になり、感情を煽ってこじれやすいケース）のミスマッチが親からの疑問や抵抗という形で表出するようになる。

児童相談所は「児童と親の分離」「親子分離後の相談業務」「児童に関しての処遇決定」を行っている。つまり「分離」―「相談」―「処遇」と3つの分野を同じ機関が行っているのである。虐待とか、困難なケースで強制的に親子分離を行って、すぐ相談に入るなど親にしてみればまったく納得のいかないことであろう（上田 二〇〇六：四五）。

また、現場においても、児童相談所と対立する親たちが主張するような虚偽や誤解などによる児童虐待の通告（誤通）についてはそれなりに意識されている（例えば、関・藤田 二〇〇四）。それらは子どもの生活環境の理解に関する戸惑いや、介入のジレンマとして経験される。赤ちゃんの泣き声だと思っていたら猫の鳴き声だったとか、児童虐待かと思ったら彼氏とケンカした女子高生の声だったとか、一生懸命子育てしている若い母親だが言葉遣いの悪さに驚いた近隣住民がびっくりして連絡してきたという程度のケース（岡 二〇〇七）ならまだしも、強い悪意をもっていたり権利を争ったりしている大人が本気でつく嘘や誇張をただちに見抜くことは難しい。

通告件数が増大するにしたがって、誤認や誤報、さらには意図的な歪曲のような通報が混ざるようになってきた（川崎 二〇〇二：十七）。

離婚の際、離婚を有利に進めるために虐待を作話したり誇張したりする傾向もあり、判断には慎重さも求められる（磯谷二〇〇二：二九）。

保護者の言動に怒りや不信を抱いたために近隣トラブルに関する苦情を通告の形で持ち込むといった場合もないわけではない……（中略）……親権を争って争いのある父母の一方が監護者である一方を訴えるために行われる通告も認められる（宮島二〇一一：一〇九）。

児童相談所はその強力な権限を安易に行使すれば、何らかの人権侵害問題となり、職業倫理が問われるのみでなく、訴訟を通して法的責任を問われることにもなりうる。親の抵抗がときに苛烈なものになり、児童相談所職員が疲弊するからといって、親が児童相談所に対して強い立場にあるというわけではない。

児童相談所の職員も「『忙しすぎて一つ一つのケースに対応できない』『こなすという感じになってしまう自分がこわい』『まずは一時保護を優先して…がほんとうにいいのかな』」（熊崎二〇一五：一四）と日々揺れ動きながら業務にあたっている。児童相談所が介入し過ぎてもいけないし介入しなさ過ぎてもいけないと苦悩すること自体は、児童虐待ケースに限らず児童相談所の業務においてよくある話である。しかし今日、介入への社会的要請によってその負担がいっそう強まっている。

時おり、児童相談所についての批判が湧き起こります。「なぜ、児童相談所は緊急に子どもを保護しなかったのか」という怠慢説の反面、「児童相談所は親の言い分も聞かず保護してしまった」との批判が出てきます。児童相談所の職員は、「子どもの権利を守る砦」と考え仕事をしていますが、社会からの批判を受けることで意気消沈し、疲弊してしまいます。児童福祉司の中には、家へ帰ってもケースのことが頭から離れず、夜眠れないとの訴えがあります（坂場二〇一一：一二一－一二三）。

特に一時保護という警察にもない強力な権限の行使は、引き離す現場のつらさはもちろんのこと、一時保護をするという判断自体が神経質にさせるものであるが、それこそが今日強く求められている。強権的に介入するより介入しなかった場合のほうが、より多方面から大々的に責められかねない。児相がカメラの前で謝罪や釈明を行えば、世間なるものから「税金を返せ！」「やっぱりお役所仕事だ」「お前たちには血も涙もないのか」「反省しろ！」といった痛烈な攻撃が浴びせられ、現場を委縮させる（才村 二〇一三ａ）。

児童相談所の強権的な介入を批判する立場からは、児童相談所が安易に強力な権限を行使していると指摘される。それは統治権力に対する市民の権利に関することとして基本的には傾聴されるべきであるが、児童相談所はその声に応えていられないような状況におかれている。メディアや世論のみならず、児童相談所と連携する他機関からも、長らく「通告しても対応が遅く、また『忙しくて手が回らない』という言い訳が多い」「危険性の判断が鈍く、楽観しているのか後手後手の対応に終始している」「強制介入をしたがらない」「法律で『できる』と書いてあることをしない」（安部 二〇〇一ａ：七四）といった消極性への不満の声があがってきた。

近年、児童相談所に弁護士を配置する動きがある。これは弁護士が児童虐待の事実性をなるべく明確にして法的対応を行うというものであるが、「権利侵害のおそれのある行政処分等の適正性が確保されるのですから、国民の権利擁護の側面ではむしろ推奨されるべき」（久保健 二〇一六ａ：五）ともいわれる。児童相談所の職員が法的対応を弁護士に任せることによってケースワーク的対応により専念できるのなら望ましいことである。しかしこれは現行制度の上で児童相談所の法的正当性を現在以上に確保するという取り組みである。今日そのケースワーク的対応を妨げるような児童相談所と親との対立関係は、すでに法的に正当な範囲内で生じているのであって、そのなかでさまざまな疲弊をもたらしている。弁護士は児童相談所側にいる以上、たとえ児童相談所の積極的な介入活動に対してブレーキ機能をもっているとしても、介入活動を補完することで促進するアクセル機能をもっているとも考えられる。そうだとすれば、「国民の権利擁護」について、そもそも児童虐待が疑われるケースにおける弁護士の役割というものを、児童相談所に助言する立場にいるという前提も相対化して、多角的に検討する余地がある。

現行の制度設計上、児童相談所が親からの反発や訴訟リスクを承知で強権的に親子を引き離すことも、それによって親が激昂したり絶望したりすることも、そして親による児童相談所への抵抗や批判から児童相談所がまた疲弊することも、不可避なのだ。それは児童相談所の実務上の技術の問題というよりは、そもそも課せられた役割の問題であろう。児童相談所はいま、ブレーキのない車でアクセルを踏み続けて走行しながら親子を轢かずに掬い上げろと強いられている状況にある。そして轢かれた者の声は「子どもの安全」という決して否定しえない大義に遮られることになる。

本末転倒な帰結

今日の児童相談所は児童虐待の通告を受けての初期対応に振り回される「モグラ叩きゲームのような状況」（才村二〇一一b：一一）だとか、児童相談所職員は一人で一〇〇件以上のケースを抱えて肝心の子どもとの面会もままならない「常識はずれのレベルの状態」（坂本二〇一二：五六）にあるとか、「児童相談所と保護者との対立が限界に近いところまで達している」（川崎二〇一〇a：八五）といわれる。そのような現状は、児童福祉の理念からいって本末転倒な帰結をもたらす。それは、親と揉めやすい初期対応の段階において子どもに時間や労力がかけられないだけでなく、中長期的にみても問題である。上田庄一が指摘するように、子どもが暮らす施設の緊張感が高まり、「将来の進路を考えるとき、親との調整や意見交換ができなくなり、禍根を残すこと」（上田二〇〇七：二〇）に繋がる。

児童相談所が子どもの安全のために親と対立することを承知で親子を引き離す場合、子どもの安全はともかく、子どもの権利を不必要に抑圧する可能性がある。子どもの権利と親の権利は対立するような状況ばかりとは限らない。

親子は生活をともにしている以上、親の権利の保障や侵害は子どものそれとしばしば連動的である。児童相談所が親子に介入し引き離すことで、子どもの生活環境に変化を与え、発達に変化を与え、帰結として子どもの不利益になる可能性はある。特に精神的心理的な負担が大きいことは想像しやすい。子どもはなじみのない環境で大きな不安を感じ、親から見捨てられたと感じたり、喪失体験から心の傷をもったりする可能性がある（庄司 二〇〇四）。

二〇年以上前から確認されてきた基本的なことであるが、児童虐待があったとして専門職の目からみてどうしても一時保護が必要なケースであっても、親子を引き離して家庭から子どもを連れだすことはそれ自体、子どもの身体、財産、教育等に関する諸々の権利を制限するものである。一時保護が長期化して子どもの教育を受ける権利が阻害されたり「一時」ということで自由の制限が正当化されていることは、開き直ってはいけない問題である（許斐一九九六ａ）。一時保護は親の意思に反して行うことができるが、それだけではなく、子どもの意思に反しても行うことができるという点を軽視してはいけない。子どもの意思に反して行うからこそ安全が確保されることがある一方で、だからこそ子どもは傷つくのである。

親から明確に酷い虐待を受けている場合でさえ、子どもはしばしば親と引き離されることに不安や精神的苦痛を覚える。ましてや「ひとまず」という具合で安易に一時保護を行うとなおのこと子どもの諸権利に関する危険を伴う。「子どもにとっては虐待よりも、親に見捨てられること、保護者を失うことの方が怖いのではないか」（小林二〇一〇：一八）と思えるケースもあるし、「安易な親子分離は重大な権利侵害に直結する……（中略）……親子分離を行った場合でも、親子双方の精神的打撃に対するケアを行っていく」（才村 二〇〇五：一三八）必要がある。

親子の引き離しは非常に強力な権力行使であるから、児童相談所の高度な専門的判断や職業倫理に任されていることでも、子どもや親の目線からみて実際にどこまで配慮されているか、評価されるべきところである。例えば、分離時の具体的な手法、担当職員の態度や発言、情報公開の仕方や程度、障害など特別な事情のある子どもへの配慮、地域生活における親子の社会的名誉への配慮、個人情報等の扱いなどである。

一時保護所がどれだけ子どもの権利に配慮しているかも議論の的になってきた。一時保護所の環境にはかなりの格差があり、特に都市部にはかなり抑圧的、前時代的なところもあるといわれる（慎 二〇一六）。一時保護所もいろいろとはいえ、親も子どももそれを選べない。一時保護は慎重にとり計らわなければ子どもに取り返し難い負担を与えかねない。

また児童相談所職員が親と対立しながら行った引き離しについて、その正当性の確信、あるいは組織防衛から子どもや親族、施設関係者などに対して親の加害者性を強く説いたとすれば、子どもの心境の変化によって家族再統合が難しくなり、後の親子関係に影響が及ぶだろう。「虐待する親だと支援者から見下げられる親を持つ子どもも、自尊心を傷つけられており、支援者を信頼しきれない」（小林 二〇一二：二九二－二九三）のである。親子が再会する場合も、子どもが専門職の言動を受けて親をどのようにイメージしているかはその後の関係に影響を与える。

児童虐待の事実性をめぐって児童相談所と争い、家庭復帰が当然なされるべきであると考えている親も、子どもとの再会に不安を覚えている。一〇歳に満たない子どもと引き離され、その後面会も許されないまま数年が経ったが、仮に再会できたとしても、きっと自分に虐待されたと信じて恨んでいるであろう子どもを前にして「それは誤解だった」とか、「愛していた」とどう説明できるだろうかと悩んでいる親もいる。児童相談所の介入への怒りと、子どもと再び暮らすための妥協への誘いの間で揺れ動いている親もいる。そのような状況において、児童相談所が親の加害者性を説いたなら、協働的な関係構築を阻害し、親が子どもの家庭復帰や家族再統合に向かって一歩踏み出す気力を削ぎかねない。児童相談所と親との関係構築がうまくいかず子どもの将来像が宙に浮いている間も、子どもは親のいない時間を過ごし、歳をとり続ける。

さらに平野政典が「虐待対応に重点が移る一方で、養護相談や非行相談等における援助の手法や技術の伝達、人員の手当や人材育成の体制は『後回し』にされている」（平野 二〇一五：一三）と指摘するように、児童虐待対応への特化は、それ以外の児童相談所の業務の余裕を奪っている。児童相談所が子育ての専門機関としての役割を希薄化させた結果として生じた失敗例もある（二宮 二〇一五）。

「児童の権利に関する条約」の批准以降、「児童福祉」という概念はしばしば「児童家庭福祉」や「子ども家庭福祉」と呼ばれるようになった。それまでの「児童福祉」には単なる子どもの「保護」という意味合いが強かったのに対し、「福祉」を実現するためには子どもの権利性に着目し、また家庭全体を視野に入れる必要があるとの認識からそのように呼ばれるようになったといわれる（許斐 一九九六ａ）。先に述べたように、「児童の福祉」とはすなわち子どもにとって最善の生活環境の保障することを要求するものであり、単に子どもを大人が「保護」すればいいという発想ではなく、子どもにとって望ましい環境を整備していくという積極的な意味がある。しかし今日の実際の児童相談所の社会的役割はまさに、とにかく子どもを保護することが最も重要であるかのようである。

誤解をおそれず、あえて常識に反してこういってもいいかもしれない。家庭というプライベートな閉鎖空間で児童虐待という犯罪ともいうべき事態が発生したとして、なぜそこまで児童相談所が責任を負わなければならないのか。児童相談所は警察ではなく社会福祉の機関である。警察でさえ「誰がいつ誰を殺すか」といった未来を完全に予測し、事前に動くことはできない。警察よりも科学的調査能力の低い児童相談所ならなおのことである。確かに今日児童相談所は家庭に介入し、親子を引き離す責任を負っている。しかしそれとワンセットで不必要な介入による親子の権利侵害を行ってはならないという責任も負っているのであって、児童相談所はそこで常にジレンマを抱えざるを得ない立場におかれている。

凄惨な虐待事件に発展したという結果論から児童相談所を責めることは誰にでもできる。それは痛ましいニュースを見せられたことによって生じる不快や義憤に対して手軽に反応できる手段なのかもしれない。ただそのようなケースは、あえていえば、児童相談所が「支援」という自らの依拠する基本的な枠組みを自覚し、よほど緊急性が高い場合を除いては強烈な権限行使を自制する慎重さや能力があったことを表しているともいえる。その緊急性の見極めについて結果論から遡って児童相談所を責めるのは簡単である。しかし完全な未来予測など当然あるわけもなく、また現場のその時々の判断はメディアが編集して伝える一部の情報だけをもってなされるわけでもない。

いくら児童相談所が一時保護等の強力な権限を与えられているからといって、それをどんどん使っていけ、使わないのはけしからん、というほうが現場感覚として、また市民感覚として不自然ではないだろうか。この点、三枝有の以下の指摘は妥当である。

> 児童虐待防止法は、虐待家庭への福祉的対応を大前提としており、本来、「福祉」とは生活上の支援や介助を継続的に与えケアすることで、人権侵害の緊急時に対応することを想定したものではないのである。児童相談員は、最終的に子どもと親とのあるべき家族関係への再統合を目指している。親子の分離は、子どもの最善の利益を考える場合、福祉的観点からすれば、ある意味究極の選択である。そこでは、虐待行為をする親を簡単には「悪」と認定できないことは当然である。それゆえに、今回の事件※についてメディアがいうような、児童相談所の「評価が甘かった」でも「怠慢」でもありえないのであり、敢えて誤解を恐れずにいえば、この法による当然の帰結としての虐待死ともいえよう。それゆえに、児童相談員の数をいかに増加しても、また彼らの専門性を高めても今回の事件のように、加害者が「謝罪」や「家庭訪問を受け入れる」という姿勢をとった場合、緊急性の観点からの一時保護は考えにくいといえよう（三枝二〇一二b：四七）。
>
> ※「今回の事件」とは二〇一一年に名古屋市名東区で中学二年生が母親の交際相手に暴行され死亡した事件（※は引用者）。

凄惨な児童虐待のニュースがあると、すぐに児童相談所が親子の引き離しについて「認識が甘かった」といった評価を受ける。児童相談所もそのように振り返り反省の弁を述べる。

しかし「甘かった」という評価が単なる結果論以外のいかなる基準に基づくのか、その妥当性もさることながら、仮に甘かったとして、直接児童相談所を責めたてる人々に、児童相談所のあり方をめぐるどれだけの想像力とアイディアがあるのだろうか。

注

（1）「親子の引き離し」「親子分離」という表現について補足しておく。「親子分離」という語は施設入所や里親委託などの社会的養護の下に子どもをおく文脈で用いられる傾向があるが、一時保護もまた親と子どもを引き離していることに変わりはなく、二カ月以上の長期に渡って行うことも可能であるので、これも実質的には「親子分離」である。ただ、本書では一般的な表現として「引き離し」と表現しておく。

（2）「親」概念について、児童福祉論においては「親」と「保護者」はあまり厳格に区別されていない。本書では引用を除いて「親」という語を用いる。児童虐待が疑われるケースにおいて児童相談所と対立する親は、法定保護者というよりも一般的な概念としての親であることがアイデンティティに組み込まれているし、児童相談所による支援は「保護者支援」ともいうが、どちらかといえば「親支援」「ペアレントトレーニング」というように、一般的な親役割の獲得・回復を目指している。

（3）厚生労働省報道発表資料「子ども虐待による死亡事例等の検証結果等について（第一四次報告）及び児童相談所での児童虐待相談対応件数」（二〇一八年八月三〇日掲載）。

（4）児童虐待の件数については、児童相談所の相談対応件数と実態としての凄惨な虐待行為の発生件数は分けて考え、また法律上の定義や現場で適用される規準の変化も考慮したうえで慎重に記述する必要があるが、比較的学術性の高い雑誌でも「急増する児童虐待」といった文言がみられる。これは啓発的観点から戦略的に記述しているのだろうか。相談対応件数は解釈や評価が難しく、レトリカルになりがちである。例えば相談対応件数はあくまで相談対応件数であるから、それは「氷山の一角」に過ぎず、市町村など他機関が通告を受けて解決するケースや性的虐待など暗数化しやすいケースも加味すると実態としての発生件数はもっと多く、いっそうの啓発とキャンペーンを進める必要があるとして児童相談所による家庭の監視と介入を推奨する立場をとることができる。一方で、相談対応件数はあくまで相談対応件数であるから実態とは関係がなく、あたかも日本の親がいっそう無責任で凶悪になっているかのような印象を与え、児童相談所による家庭の監視と強権的介入を熱望するモラルパニックを煽っているとしてこれに批判的な立場をとることもできる。筆者は、実態として凄惨な児童虐待が急増しているかどうかは「わからない」という立場をとりつつ、凄惨な児童虐待の急増というイメージの強調が親の養育上の不安と緊張感、虐待親とみなされることの抵抗から支援への抵抗感を高め、また人材育成が追いつかず多忙と過労に苦しむ児童相談所をさらに強引な介入へと駆り立てることを考えれば、慎重にならなければならないと考える。

(5)「児童虐待のモデル」が強固になるにつれてメディアや世論は凄惨な事件を防げない児童相談所を〈第三者〉というより、児童相談所も共犯であるとして〈加害者〉とみなすようになっている。ただしこのことは、あくまで共犯のようなものだというレトリックとして用いられている。

(6) この概念については、岡田編（二〇〇一）、栗原（二〇〇七）、山本（二〇一四）、藤林（二〇一五）を参照。本書では引用部分を除いて「介入的ケースワーク」で統一する。

(7) このほか雑誌記事では、若林亜紀（二〇〇七）「『児童相談所』何とかしてよ」（『週刊新潮』五二（四五）一五四―一五七）、土谷善則（二〇一三）「杉並・里子虐待死事件　虐待なんてやってない！　声優母の悲痛な叫び！」（冤罪ファイル編集局編『冤罪 file』二〇、二八―三九）、木附千晶（二〇一四）「家族との関係を断絶する児童相談所―子どもに会いたい、返してもらいたい」（『金曜日』二二（二九）三二―三四）、片岡健（二〇一五）「広島『0歳長男揺さぶり虐待』事件　理不尽な冤罪に打ち克った家族の実話」（冤罪ファイル編集局編『冤罪 file』二三、五二―五九）。

(8) 社会福祉学者の津崎哲雄はこの領域の研究者として（おそらく唯一）「児相問題」「児童相談所問題」という語を用いているが（津崎二〇一一、津崎哲雄 二〇一〇）、これは本文で論じるものとは文脈の異なるものである。津崎は長らく社会的養護における子どもの権利保障の後進性を批判的に考察する文脈で、児童相談所をとりまくさまざまな機関の政治的、経済的、社会的な癒着状況を「大人の既得権益」と呼んできた（例えば津崎 一九九四、津崎 二〇〇九）。津崎の「児相問題」論は社会的養護下におかれた子どもの処遇のあり方に対する大人サイドの病理という文脈である。

(9)「支援」と「援助」について、社会福祉学では両者の違いを検討する議論もあるが（例えば、秋山 二〇一六）、「自立支援」などの慣用表現を除いてそこまで厳格に区別せずに用いられてきた。本書でも同じものとして用いる。

(10) 親権停止等、民法上の諸制度もまたこの枠組みに位置づくものと解される。それは最終的に親子関係、家族関係の修復に繋げていく、一連の「支援」の一歩である（稲葉 二〇一三）。

第2章 児童相談所批判の言説

今日、児童虐待が疑われるケースに関して、親やその支援者たちによるさまざまな児童相談所批判の言説、つまり「児相問題」の言説がある。本章ではその言説を整理しつつ、それらが必ずしも見当外れな議論なのではなく、少なからぬ点で専門職や研究者においても同様の問題意識がもたれてきたことを示す。

介入・支援の過程において児童相談所と親がしばしば対立するからといって、両者が根本的に異なる課題意識や制度上のニーズを有しているわけではない。何らかのポジションにたって児童相談所批判の言説を擁護したり批判したりするのではなく、児童相談所と親が現在よりも安定した関わりをもって子どもや家庭の今後について話し合えるような介入・支援のあり方、そしてそれを支える制度について考える議論の一助としたい。

1 専門性

児童相談所の専門性とは何か

児童相談所は児童福祉の専門機関であるが、その職員の専門性が低いという批判がある。児童相談所が介入しなかったために悲劇的な結末が回避できなかったという問題と、誤解や虚偽に基づく判断によって誤って親子を引き離してしまうという問題には共通の原因があり、それが職員の専門性の低さである、というわけである。

そもそも今日の児童相談所の「専門性」とは何だろうか。これ自体、多くの研究者が関心を寄せてきた大きなテーマであり、それをここで遺漏なく述べることは難しい。ただ実務上の指針として、児童虐待が疑われるケースにおいて児童相談所に求められる専門職としての専門性が一体何であるか、一体何についての専門性が求められているのかについての大きな方向性は押さえておく必要がある。

日本の児童相談所は権力の一極集中型、親分型である。この点、山縣文治は「児童相談所の専門性とは、子どもおよび家庭の生活の全体性を斟酌しつつ、生活環境の総合的理解を行い、それを基礎にして、援助計画の策定および実践を行うことにある。単なる治療機関や、診断機関ではなく、援助計画（ケアプランニング）の策定機関であり、また援助の効率化を図るケアーマネジメント機関である。さらには、援助の遂行状況を見守るモニタリング機関でもある」（山縣 一九九五：三七）と述べている。総合的視点から、支援過程の全体で「子どもの最善の利益」を追求するアート性を指して専門性としている。

厚生労働省「児童相談所運営指針」第二章第五節の三には「児童福祉に関する相談業務に携わる職員には、子どもの健全育成、子どもの権利擁護をその役割として、要保護児童やその保護者などに対して、援助に必要な専門的態度、知識技術をもって対応し……」とある。その内容が以下である。

〈専門的態度〉

・子どもや保護者の基本的人権の尊重
・児童家庭相談に対する意欲と関心
・自己受容・自己変革

〈専門的知識〉

・人間や子どもに関する知識
・児童家庭相談に関する知識（児童の権利に関する条約や児童福祉法など関連する条約・法令に関する知識を含む）。
・児童家庭相談の周辺領域に関する知識

〈専門的技術〉

・対人援助に関する技術
・児童家庭相談に関する技術
・児童家庭相談の周辺領域に関する技術

これも「児童虐待のモデル」のように虐待行為など何らかの事実性を科学的に調査して認定する能力というよりは、子どもの発達権を保障する養育環境づくりのための「支援」に関する専門性であり、つまり「児童福祉のモデル」

である。それが本来の児童相談所の社会的役割であるから当然である。

ただ、児童相談所の専門性については、例えば児童福祉司の任用基準、研修制度、スーパービジョン体制の見直し、運営体制そのものや法制度レベルでの改革も視野に含め、専門性向上のための方策が求められているとして、今日まで長らく専門職や研究者の側からなされてきたところである。この点に関しては、これから向上させる、向上しつつあると常にいわれ続け、結局二〇年ほど同様の指摘がなされてきた（枚挙に暇がないが、いま筆者の手元にある文献だけでも、久保樹 二〇一六、伊藤 二〇一五、森 二〇一四、座談会 二〇一三、斉藤 二〇一二a、野坂 二〇一一、川崎 二〇〇六、澁谷 二〇〇一、才村 二〇〇一、安部 二〇〇〇）。

児童相談所職員になるための専門的な国家資格はなく、専門職とされる児童福祉司は人事異動で配属されれば一般行政職でもなることができる。これに加えて今日では非常勤、任期付き職員の採用も進められている。採用の点は近年では改善されているところもあるが、それでも児童相談所は人事異動が頻回であり、児童福祉の専門機関として職員の純度は必ずしも高くない。斉藤幸芳は児童福祉司としての経験から「専門教育を受けていないことから、対応への自信のなさや不安を感じる児童福祉司は多い。人とコミュニケーションをとることが苦手である児童福祉司もいる」と述べている（斉藤 二〇一二a）。これでは親子にとっても児童相談所にとっても不安や負担が大きい。

そのような状況では、先に示した児童相談所の専門性のうち、膨大な経験の蓄積と研鑽の結果獲得できるとされる〈専門的態度〉の獲得がとりわけ困難になるといわれる（才村 二〇一三b）。逆に児童相談所に長く勤めて責任ある立場になったとしても、「専門的態度となると、組織の中で責任が重くなるにつれ、組織を守り、職員を守ることに腐心するあまり、『子どもや保護者の基本的人権の尊重』といった点が二の次になり、一担当者として相談に応じていたときよりも後退しているのではないかと不安になること」（川崎 二〇一六：三七）もあるようだ。

また研修制度については、研修内容よりも、研修を受ける時間がないという点が指摘されてきた。児童虐待の深刻化は明らかに児童相談所の業務量と社会的責任を増大させ、専門性の高さをますます要求している。しかし多忙によって研修等による専門性の獲得にはますます時間を費やせなくなるという、転倒した状況が生じている。かつては生活保護ケースワーカーや福祉施設の指導員などさまざまな職場を経験してから着任することが多かったが、希望者が減ってきたのか、新規採用職員が児童福祉司を拝命することが多くなった上、現場には十分な研修を与える余裕がなく、研修を企画しても出ることが保障されていないという声もある（牧 二〇一一）。

今日の児童福祉司は赴任したその日から相談業務の渦中に投げ出されることもあり（川崎 二〇一六）、当の新人児童福祉司の立場からもケースの対応に追われて新人研修がまともに受講できないという声もあがっている（久保 二〇一二）。現行の児童福祉法では児童福祉司の任用後の研修受講を義務化しているが、多忙極まりない現状で、それがどこまで実現し、実質的に児童福祉司の専門性向上が達成されるかはあまり楽観視できない。

また専門性というよりも専門職としてのモチベーションに関わることとして、先述の斉藤は、例えば児童虐待や非行など難しい案件に対応しなければならないことや、親への対応が困難であること、身分も賃金体系も変わらないのに社会的責任だけが年々重くなっていくこと、一人当たりの担当ケースの量が多く、しかもその業務量は年々増えていくこと、そもそも希望してではなく命じられたから児童福祉司をやっていることなど、さまざまな理由によって児童福祉司になりたい人より児童福祉司を辞めたい人の方が多いと述べている（斉藤 二〇一二a）。

同様に、児童福祉司という職業イメージについて山脇由貴子は児童心理司としての経験から次のように述べている。

> いつの間にか、児童相談所は「最も働きたくない場所」になってしまった。その理由の一つは、福祉や心理を勉強してきた人間であっても、「虐待」には関わりたくないのだ……（中略）……児童福祉司になりたいと熱望してなったはずの人も、

実際、児童福祉司になると後悔する。児童相談所が毎年受け入れている大学実習生に対して「児童相談所でなんか絶対働かない方がいい」と言い続けた児童福祉司もいる（山脇 二〇一六：五三）。

専門職や研究者による児童相談所の専門性に関する問題意識は、基本的には「児童福祉のモデル」に基づく相談援助を中心としたケースワーク的な支援の専門性に主眼が置かれている。しかし児童虐待が疑われるケースへの対応が業務負担として比重を増す今日においては「generic なソーシャルワーク技術に加え、虐待に特化した specific な技術が求められる」（才村 二〇一一a：一二〇）といわれる。「児童虐待のモデル」が台頭し、これに対抗する批判としての「児相問題のモデル」が登場している今日では、児童相談所に期待される専門性とはもはや、児童虐待の事実と深刻度についての調査・判断に関する能力なのである。もちろん、要保護児童に関する調査・判断は確かに児童相談所の役割であるから、その能力が市民の目から問われること自体は自然なことである。

ただ、児童相談所の活動の基本的枠組みが「支援」というケースワークであることを考えると、例えば親子の引き離しを留まった判断のほうを結果論で叩くなど、児童相談所の調査・判断能力こそを専門性であるとして追及することには冷静さも必要である。確かに、二〇一六年に相模原市で発生した虐待死事件のように、子ども自身が保護を求め、外傷があり緊急性が認められる状況であえて保護を見送るような児童相談所の対応は非難の対象となって仕方がない。しかしそのような事件があったからといって、児童相談所にとって子どもを保護することが勤勉であり逆に保護をしないことが怠惰であるなどと単純化して考えるべきではない。児童相談所は自らの権力行使の正当性と不当性の間の揺れ動きのなかで判断を迫られているのであって、子どもの保護は目的ではなく手段であるからこそ、自明のものではなく、それを使うべきかどうかの困難が生じているのだ。

医師への信頼と依存

　ところで、児童虐待が疑われるケースにおいて親と児童相談所とではしばしば異なる事実認識をしており、親はそのことに対して児童相談所の調査・判断能力が低いと批判する。そこで調査・判断能力の低さの要因の一つとされているのは、他専門職との協調路線のなかで情報が鵜呑みにされたり無批判に相互承認されたりすることで、親の知らないところで児童虐待の物語が構成されるという点である。児童相談所は一時保護の検討に係る情報を学校や医師など他機関から調達する。ケースによっては親と一度も会わずに一時保護を決定することもあるため、児童相談所独自の調査能力や判断基準に対する不信感に繋がっている。特に医師の説明に対する児童相談所の信頼や依存は強い。

　ある家庭において、入院している子どもに発熱が続いたということで血液検査が行われたところ、通常では考えられない黴菌（ばいきん）が発見された。医師の話では誰かが故意に点滴に黴菌を混ぜている可能性があるとのことだった。その医師の主張では、複数の発熱の際に担当した看護師は同一人物ではないので看護師は犯人ではないというものであった。その後その医師は「病院側の責任はない」と主張し、母親によるものだと指摘するに至った。そのときの医師の主張では、母親の見舞いの直後に発熱が起きている、というものであった。しかしその子どもの病室はナースステーションの向かいに位置しており、常に看護師たちから見える状態であり、同じ部屋の見舞い人が頻繁に出入りしている状態だった。また病室に設置された監視カメラによって二四時間病室内の様子が記録されており、病院側はその記録映像では母親が不自然な行動を取ったという記録はないと認めていた。しかしその後訴訟に発展すると病院側は監視カメラ映像の開示請求を拒否し、病院は母親の児童虐待ケースとして児童相談所に通報した。児童相談所は母親の説明を聞くことなく病院側の通報を全面的に認め、子どもを一時保護し、両親と子どもの面会通信を禁止した(1)。

　親やその支援者からすれば、院内感染や医原病（医師や看護師などの医療行為を原因として起こる疾患）、院内での児童虐待の可能性を払拭することなく、医師の説明を鵜呑みにしたのではないか、児童相談所の調査能力とは医師の判断を信用するだけのことなのか、という疑問が払拭できない。実務上、児童相談所は医師の主張にだけ信頼をおいた調査や記述が可能であるし、権限として、その情報のみに基づく親子引き離しも可能である。このケースの真否はどうであれ、制度設計上は確かに、病院と児童相談所がやりとりを進め、組織防衛的になれば、そのようないわば「冤罪的な」事態に至らしめることも不可能ではない。

このような事例に言及することに対して、専門職や研究者からすれば、親の味方をして児童相談所を責めているのでけしからぬ、と思われるかもしれないが（本当にそのようなポジション確認ばかりする人もいる）、そのような話ではない。再確認しておくと、親による児童相談所批判の言説は少なからず児童虐待の事実性に関心が向けられた記述を伴っており、そこでは児童相談所の調査・判断の能力が専門性として親に疑問視されているということである。児童相談所による児童虐待の事実に関する調査・判断とは、医師の診断を鵜呑みにしているだけではないか、それは権威に弱い一般人のすることであり、専門職とはいえないのではないか、という具合である。児童相談所に期待されている専門性が警察のような能力になりつつあるなかでその能力を疑われるとき、「児童相談所の専門性が低いのではないか」という、あまり本来的ではない非難が生じるのである。警察のような能力があるわけではないのに、警察のような権限と社会的責任があるために、児童相談所は非難されるのである。

児童相談所の介入は「児童の最善の利益」の視点から「児童の福祉」を追求するという理念に基づくものであるから、児童虐待はあくまでその理念が達成されていない状況の一つの例に過ぎないものであり、介入の判断に直結する決定要因というよりも、ただそのケースの物語性を表すものである。つまり、ケースにおいて実際に母親が代理ミュンヒハウゼン症候群であろうと、反対に病院がいわば「冤罪」をでっち上げていようと、放置しておけば子どもに危険な状況があって「児童の福祉」が脅かされていると判断すれば、児童相談所としては一時保護を検討するというのが基本姿勢である。

しかしそれでも、児童相談所が親ばかりに「推定有罪」の眼差しを向け、誠実に話を聞かず、専ら医師のいうことを聞いて判断するような態度で接したり、親子の面会を禁じたりすることが不公正であり、また必ずしも「児童の最善の利益」とはならない場合もあるという批判はできるだろう。事実をめぐる争いをする以前に、その前提として、児童相談所という統治権力、医師という権威、それに対する一般家庭の親という立場の関係からいって、権力の非対称性がはじめからあることは忘れてはならない(2)。

また、親やその支援者たちによる児童相談所への懐疑や批判は、より些細な一般事務的な事柄にも向けられる。統治権力が家庭に介入し親子を引き離すことが強烈な権力行使であるというのは異論のないところであろう。そのような権力を行使している児童相談所の仕事に垣間見えるミス、あるいはコミュニケーションの不全は、たとえそれが些細なものであったとしても親にとって大きな不信感と不安を与えることになる。

例えば書類の送付など事務手続きのまずさである。これには誤字脱字などの基本的なことから法的な正当性に触れることまで多様なものがある。子どもの年齢、親の職業、氏名の読み方や書き方のほか、公務の手続に関する日付といった重要事項に不備があること、一時保護後に電話が繋がらず親にきちんと連絡できていないまま一時保護通知書を数日経ってから送ってくることなどがそれである。子どもが学校に行ったきり帰って来ず、児童相談所に保護されていることを通知する書類が来ないとなると親は大変な不安を抱える。また一時保護通知書の「一時保護の理由」の説明欄に「緊急一時保護」や「一時保護」という一言しか記述されていないことや、措置解除の際に通知書の解除理由の説明欄に「その他」「家庭引取り」という一言しか記述されていないことも、児童相談所の防衛性、対決性、あるいはやる気のなさの表出だと感じられる。児童相談所としても多忙であるし余計なことを書いてトラブルが起こることを避ける必要があるのだろうが、そのような必要最低限のことに留める書類は、受け取る側からすればいい加減な役所仕事に映ることもある。

書類のほかにも、電話の時間の約束が守られなかったとか、何が法的に定められた手続きで何が当該の児童相談所職員の判断なのかについてはっきりと説明できていない、もしくはしようとしないとか、職員間の連携や情報伝達が悪く対応者が変わると前回のやりとりをもう一度説明しなければならないとか、日曜日は休みなので親の仕事のある平日に面談等を設定してくるとか、その平日の都合もつかなくなって親に再び変更を要求してくるとか、金銭に関する重要な事項をきちんと説明できていない、もしくはしようとしないといった批判は枚挙に暇がない。年上である親に対して上から目線で話す若手職員や、子どもの名前を呼び捨てにして親の感情を逆なでしてしまう職員もいる。また先述の山脇によると、母親と「内緒で」といってやり取りし、関係がエスカレートして収拾がつかなくなってから同僚に母親からの手紙を明かしたところ内容が完全にラブレターだったという児童福祉司や、女子中高校生に「最後の生理はいつだった?」としつこく質問する男性児童福祉司もいるようである（山脇二〇一六）。

児童相談所職員の具体的な対応のまずさというよりその人柄を指して、子どもを保護されていることに強い不信感をもつ親もいる。「しどろもどろ話す」「暗い」「会話のキャッチボールができていない」「疲れていて面倒臭そうな感じがある」「早く話を切り上げたそうな感じがある」「上から目線で話す」「会話の途中であくびをこらえている」「初めから良好な関係を築こうという姿勢が見られない」「子どものことが好きそうでない」という程度の文句ならまだいい。ここには記述できないような言葉で職員個人を非難する人もいる。

また一時保護された子どもの兄弟姉妹の精神的な負担も大きい。突然引き離され、帰ってこなくなるのであるから無理からぬことである。ところが、ある親がそのような（一時保護されていない方の）子どもとどのように接したらいいのかと児童相談所に相談すると、「そうですか、でも仕方ないですよね」「それは大変ですね」とあしらわれるようにいわれたという。児童「相談所」としての本来の役割はどこに、という話である。

児童相談所の事務能力や職員の人柄への不信というのは、児童「相談所」としての、そして対人援助という「支援」の機能に関わっているという点では、一つひとつは些末なことのようにみえてもそれなりの重要性をもつものだろう。

無論、おかしな人間というのはそもそも児童福祉の世界に限らず警察でも医療でも、どこの世界にもいるので、そのことを児童福祉司の専門性や児童相談所の体質の議論とどこまで絡めるべきか、慎重さが求められるところである。

2　防衛性・責任転嫁

児童相談所と親との対立において、先に専門的態度の養成や病院のケースでも触れたところであるが児童相談所の自己防衛や責任転嫁のような態度が批判の的になる場合もある。

やや長いが、ライターの釣部人裕の著書からの引用として紹介する。母親が一時保護された息子のB男と面会にいく場面の記述である。

> 面会室で待っていると、B男がケースワーカーや職員3人と共に現れた。
> 私の顔を見て、嬉しそうにニコッと笑うB男。
> 「元気だった?」
> そう声をかけると、彼は笑顔で頷いた。とにかく会えたことが嬉しくて仕方ない、という様子だった。私の顔を何度も見てはニコニコしている。
> 「帰れるの?」
> B男は私に聞いた。それでニコニコと嬉しそうだったのか……

自分がこれから伝える言葉を思うと、胸が痛んだ。

「ううん、まだ帰れないらしい」

「え⁉」

その途端、B男の顔は曇った。このまま連れて帰ってやりたい、どうして帰れないのか？悲しいというよりも悔しかった。自分たちの力ではどうしようもないこの状態に、歯噛みするほど悔しかった。しかし今日は、どうしてもB男確認しなければならないことがある（原文ママ）。うつむいてしまったB男に私は、言葉を続けた。

「いじめられているの？」

その言葉を聞くなり、B男はハッとして顔をあげた。そして私を見て口を開こうとしたその瞬間、面会室に同行してきた40代くらいの女性職員が言葉を挟んだ。

「そんなことないわよね！皆と仲よくやっているわよね！」

B男はビクッとして彼女を見ると、またうつむいて口を閉ざした。

「どうなの？」

そう私が聞いても、もう彼は顔もあげずに首を横に振るだけだった。

「もう時間です。いいですね。」

職員に促され、B男はうつむいたまま立ち上がり、私に背を向けた。私は胸が締め付けられた。

「早く帰られるようにするから、待っていてね‼お母さん、頑張ってるから、B男も頑張ってね！」

私は、離れていくB男の後ろ姿に向かって叫んだ。この場で抱きしめて、すぐに連れて帰りたい！身悶えするくらい、悔しかった。ドアを出る瞬間、B男は私の方を振り向いた。目から大粒の涙がぽたぽたとこぼれていた。しかし、すぐに職員に背中を押され、B男はドアから出て行った。それが、私が見た最後のB男の姿となった。この後、私は、彼が1年9カ月後に養護施設から戻ってくるまで、彼と会うことすら許されなくなってしまったのだ。このときB男は確かにいじめを受けていた。後に、B男が私の元に返されてから、直接、本人の口から聞いている（釣部二〇一四：一一九－一二二）。

このような記述はインターネットや書籍、当事者の会合などの言論空間においてしばしば登場する。児童相談所への批判としては、児童相談所自体の組織防衛に限らず、児童相談所が関わっている学校や病院の責任転嫁による組織防衛を助けているという意味でもなされる。学校や病院で起こった子どもへの暴力やケガ、業務上の過失について親に責任転嫁するために児童相談所に通告したり、親と対立して振り上げた拳を戻せなくなり通告したり、病院が誤診により児童虐待であるとして通告したりした場合に、児童相談所がそれを鵜呑みにして親子を引き離してしまうことがあるという批判である（例えば、内海 二〇一三、南出・水岡 二〇一六）。

児童相談所という組織や専門職の良心を信頼する立場では（筆者も含め社会福祉学・児童福祉論の研究者も親たちからはえてしてその立場とみなされる）、これらの言説を親の誇張や虚偽を伴った記述であると考えるかもしれない。特にインターネット掲示板やブログにおける記述は、類似の経験をした者でもない限り、たいていその程度のものとみなされる。児童虐待を許せないという世論感情の高まりとともに、火のない所に煙は立たぬ、子どもの安全のためならば見知らぬ親の権利が多少侵されるくらいのことは仕方がないという認識も強まっている。その上、当の親の記述も、子どもを失ったショックと、〈親＝加害者〉という常識的眼差しに対抗しなければならないという思いから感情のこもったものになりがちである。当事者性をもたない読み手は、そのような記述に対して、冷静さを欠いた攻撃的なものとして無視したり冷笑したりすることができてしまう。

ところで、児童福祉論やソーシャルワーク論における議論で頻繁にいわれる多機関・多専門職間の「連携」という概念にも注意が必要である。「連携」とは、親子引き離しの権限を持つ児童相談所という統治権力が中心となり、他機関のもつ権限や医師の権威など民間を含めた諸権力と結びついて集権化させていく意味もある。「連携」は専門職の記述のネットワークによって親の声を封じる機能もある。立場によって「だからいいのだ」とも「だからまずいのだ」ともいえるだろう。少なくとも児童相談所と対立する親からすれば、組織防衛的な意味をもち、不信や批判の対象となる。

児童相談所の防衛性に対する批判は、現場への敬意の欠落だと思われかねないからか、児童福祉論においては直接的にはあまり語られないが、間接的に類似のことが言及されている。それは児童虐待が疑われるケースへの介入の役割が児童相談所に一極集中している制度設計上の問題として言及されている。司法審査を受けることなく親子の引き離しが可能な現行制度は、いわば行政サービス機関である児童相談所が初動の安全確認、調査、処分の決定、支援の決定や支援法の選択、支援の開始から終結までの過程、措置解除までを担っているという意味であり、それは司法的機能と行政的機能が混在した形であることを意味する。このような状況に対して山本恒雄は「『介入』と『支援』を単一の機関が強い権限をもって連続的に担当することの不都合は、第1に権限の濫用・逸脱の危険を自己管理することの難しさにある」「行政機関の絶対的無謬性が暗黙の前提条件とされていないか、慎重に検討すべき課題がある」（山本恒 二〇一三：二七〇－二七一）と指摘している。

児童相談所の防衛的態度の硬化は、児童相談所の多機能化、集権化、強権化の社会的要請に応え続けるためにはやむをえないのかもしれないが、それに伴う危険を自覚し、いかに修正するかが課題である。

3　リスクの眼差し

児童相談所は子どもや子育てについての専門的な相談機関であり、支援・介入において家庭の生活問題に着目する。したがって児童虐待が疑われるケースのうち、何らかの生活問題のみられる家庭、つまり弱った家庭を支援や介入の必要なケースとして見定める。

ただ、児童相談所がそのような何らかの生活問題がみられるケースに介入していく傾向に対して、一種の被差別感を覚えている親もいる。例えば所得や暮らし向きといった経済的社会的状況を生活問題とする介入である。児童虐待の事実や実際の子どもの状況といったことではなく、所得などの事実や知識に基づいて介入の如何を考えるという態度がときに親を傷つけるのである。非正規雇用のシングルマザーが、児童相談所職員から子どもの養育には就労による所得が最低でも月二〇万円程度は必要であるなどといわれる場合もある。その場合親は、弱った家庭が児童虐待を起こしやすいというような眼差しとは別に、所得など経済的社会的状況の如何が親であることの資格を決めるかのような文脈に怒りや傷つきを覚える。

こうした介入対象の見定めについて、これに批判的な立場からは、家庭の経済的社会的状況が、介入のしやすさや児童相談所の防衛性にも関係しているように映る。

> 社会的弱者であれば、児童相談所に〝反抗〟するだけの力がないということだ。経済力などの問題から、弁護士に相談したり、裁判に訴えたりせずに、泣き寝入りしてくれれば、児童相談所としては面倒を抱えずに済む。つまり、児童相談所が一時保護を行う際に「事後に騒動を起こしそうな家庭」（＝社会的立場や経済力がある家庭）を避けている節があるのだ。反抗せず、児童相談所職員の言いなりになる親ばかりなら、たとえ虐待ではない案件で子どもを一時保護してしまったとしても騒がれる心配はない（内海 二〇一三：一〇一）。

何らかの生活問題を抱えて弱った家庭は、当然のことながら介入前の時点から家庭内の複雑な課題に日々悩んでいる。そうであるからこそ児童相談所は子どものための、そして子どもを養育する親のための支援を行おうとする。しかし親からすればさまざまな苦労を抱えながら生活しているところに児童相談所がやってきて、たとえはっきりといわれなくとも児童虐待を疑われていると感じ、場合によっては本当に子どもと引き離されることもあるため、ますます戸惑い、精神的に弱りやすい。

弱った家庭だからこそ養育上の支援をするというのが児童福祉の姿勢であっても、弱った家庭だからこそ親は子どもと引き離されないように、あるいは何とか返してもらうために、仕方なく児童相談所からのコントロールを甘受し、仕方なく甘受しているという被害者意識を強めることがある。親子を引き離す権限を児童相談所がもっていることを知っている親からすれば「弱い者はさらに弱く」というのが児童相談所の介入の帰結に思えることもあり、児童相談所に対して不正義を感じることになる。そしてそれにもかかわらず児童相談所の権限に太刀打ちできない自らの無力さに嫌気がさすことにもなる。たとえ親が従順に振舞っていても、養育者としての自覚や自信を削がれているかもしれないし、心の中で児童相談所への恨みの火がくすぶり続けているかもしれない。

社会学や社会福祉学では、家庭の何らかの経済的社会的状況と児童虐待の相関性を見いだそうとする。この眼差しは今日では「リスク」という概念に接続して議論される。一九八〇年代後半頃まで、児童虐待は経済的・社会的困難を含めた広義の貧困と児童虐待との相関関係を前提にした児童養護の議論の一つとして捉えられてきた。その後、池田由子の『児童虐待――ゆがんだ親子関係』（一九八七年、中公新書）の影響もあって、親の精神病理的、家族病理的問題が強調されるようになった（山野 二〇〇六b）。精神医学的あるいは心理学的な対処療法としての議論が前面化するなかで、経済的社会的問題として児童虐待を捉える視点は、児童虐待の発生要因のうちの社会環境的部分というやや限定された議論になった。そして対処療法的機能やマネジメントを重視する風潮に乗ってこの種の議論は児童虐待の発見に用いられる「リスク」の概念や「リスクアセスメント」という形をもつようになり、応用実践場面にも活用されるようになった。

リスクアセスメントとは「専門的な仮説や経験的な知識に照らして児童虐待に関連すると仮定された項目から、調査を通して統計的に有意差をもつ項目をリスク要因として確定し、今度はそのリスク要因を当該現場で子どもや養育者に適用して虐待危険度を評定していく方法」（上野 二〇一〇b：一二一）である。上野加代子と野村知二はこの

「リスクアセスメント」を、全人口に網をかけて親子を捕らえる「投網のテクノロジー」と呼んでいる（上野・野村 二〇〇三）。そこで日本のリスクアセスメントはアメリカから無批判に直訳、直輸入されたものであり、アメリカで起こったような子どもの保護と家族の保存との葛藤や、不必要な介入といった点に対する反省的議論を経験しないまま日本で運用されていると指摘されている。またリスクアセスメントは「あるべき母親像」を押し付けているというジェンダー的な問題（上野 二〇〇七）、社会調査の観点からみた水準的な問題（野村 二〇〇三）、親の声をかき消してより周縁化させ、追いこむことを促す働きがあるという排除の問題（辻 二〇一五）、さらに、リスクが知識化し予測の道具として使用可能になるにつれてリスクの回避可能性が自己責任化の道を開くことで貧困や保育への歳出が抑制されるネオリベラリズムの統治戦略に順接している問題（上野 二〇一六）など、さまざまな批判的議論がなされてきた。

リスクアセスメントは今日も推奨されている。「手引き」の平成二五年版において、「若年の妊娠」「妊娠の届出が遅い」「未熟児」「障害児」「保護者にとって何らかの育てにくさを持っている子ども」「経済的に不安定な家庭」「未婚を含むひとり親家庭」「転居を繰り返す家庭」「保護者の不安定な就労や転職の繰り返し」「関係機関からの支援の拒否」など、やや際どいものもリスク要因として挙げられている。要するにどこか普通でない、貧しそうだ、孤独そうだと思われればリスクが高いということである。確かにわが国の事例調査においては、家庭の経済的社会的状況と児童虐待の相関性は指摘されているが（例えば、辻 二〇一六）、研究者が貧困と児童虐待を因果関係で結びつけるような力技をやっているわけではない。例えば山野良一は統計的な相関関係と実態的な因果関係の読み替えはできないと確認した上で、因果関係を科学的に基礎づけるためにできることの一つとしては、低所得など家族の社会経済状況（Socio-Economic Status: SES）と児童虐待との間を繋ぐ pathway（通り道）を理論的・実証的に基礎づけていくことだと述べている（山野 二〇一〇）。

ただ因果関係上のワンクッションかツークッションを置いて、仮にそれが実証的に説明できたとして、マクロレベル＝政策論ならまだしもミクロレベル＝援助論としてどこまでその知識を現場実践に適用することが可能なのか。もしそれによって暮らし向きの良くない家庭において不必要な介入や親子の引き離しが起こりやすくなったり、逆に暮らし向きのいい家庭において必要な介入や親子の引き離しが起こりにくくなったりするとしたら、それは親子にとって良い帰結をもたらすか悪い帰結をもたらすかはともかく、機会の不公平である。この点、以下の小野善郎の指摘は示唆的である。

残虐で無情な虐待の実例の圧倒的なインパクトの前に、われわれはともすれば茫然自失し、何らかの理論にすがってその場の対応に邁進しがちである。その時代に優勢な理論や実践は、虐待にかかわる関係者の不安を鎮める具体的な方法論となり、その枠組みの中だけにとどまった「常識」あるいは「ステレオタイプ」にとらわれてしまうことになりやすい（小野 二〇一一：一二三）。

リスクアセスメントは親へのラベリングではなくあくまで子どもの安全の確保を目的とするものであり、曖昧な要保護性の判断に一定の基準を与えるものであるから、初期対応において有効かつ必要であると考えるのが一般的とされる（加藤 二〇〇一）。ではその上でリスクやリスクアセスメントに関する議論をどう捉えればよいのか。

まず、リスクにあたる情報を援助論的にではなく政策論的に捉える視点は必要である。家庭生活の基盤の安定を図る諸政策抜きでは児童虐待対策は有効に機能しないので貧困など人々の生活を不安定にする要因は解消されなければならない、という建設的な記述に組み込んでいくことが重要である（例えば、松本 二〇一〇）。

またケースにおける児童虐待の発見に関しては、児童虐待の発生要因としてのリスクだけでなく、防御要因となる諸要素にも着目し、総合的に勘案して評価するべきであるという指摘もある（才村 二〇〇八）。これに関して、「子育てを支えていくためには、支援の手がかりになるポジティヴアセスメントこそが重要であるが、リスクアセスメントで翻弄されてしまっている」（牧 二〇一一：四〇）とか、「相手のできなさ、困難さ加減（リスク）にばかり目を向けていると、関係作りは難しくなります。壊れていないところ、長所に目を向ける姿勢が必要となります」（宮井 二〇一三：二九）といった、ストレングス視点を重視するべきだという声も重要である。

「児童福祉のモデル」よりも「児童虐待のモデル」に依拠してリスク概念にとらわれると、実際に児童相談所からの偏見の眼差しを感じとっている親がいるように、親と児童相談所との適切で協働的な関係構築に問題が生じかねない。

リスク管理というのはケースワークの本質ではないので、露骨な言い方をするとすれば、全然楽しくない。子どもが変化するとか成長するとか、親が成長するとか、そういう人の成長を援助する仕事がケースワークですが、いわゆるリスク管理というのは、どうしても単なる安全確認みたいなことになってしまって、虐待をしてしまった親の側からすると何か監視されているような感覚に受け止めるわけですから、ケースワークではなくなっていく（座談会 二〇〇九：一九）。

もとより児童虐待への対応は支援の発想からなされるのであるから、リスク要因は児童虐待の客観的な発生リスクというよりも、子どもの生活環境を総合的に考える上での判断材料という程度の意味で捉えられるほうがよい。そのような感覚を前提に政策的・援助的に展開していくことが求められる。

そして「虐待」という言葉が強烈なスティグマを与えるように「虐待リスク」もまた強烈なスティグマを与えることを自覚しなければならない。虐待リスクの眼差しはたとえ児童相談所が言葉で明かさなかったとしても今どきの親であれば、まして直接に児童相談所と関わった親であれば、知識として、身体感覚として、知っているものである。

児童虐待が疑われるケースにおいて、児童相談所が介入後に親を放置することは、親に対して強い不信感を与える。

4 放置

例えば、子どもと引き離されたあと、自分のケースの担当者から一年に一度手紙が送られて来るものの毎年違う苗字であり、直接の挨拶もないので戸惑っている親もいる。こうした扱いはさまざまな文脈で不信感につながっている。まず、担当者交代のめまぐるしさや形式的な挨拶など、親を放置するような扱いは、児童相談所の側にじっくりと職員を育成するシステムがなく、職員に専門職としての能力が備わっていないことの表れに映りかねない。また統治権力が親子の引き離しという強力な権限を発動していながら、立場に相応の倫理感や責任感が備わっていないようにも映りかねない。そして何より、親との関わりを最低限にするような扱いは児童相談所がはじめから子どもを家庭復帰させる気がないことの表れと映りかねない。この点は児童福祉として特に重要である。児童相談所が親の様子や生活環境の日々の変化をみながら子どもの処遇を考えていくことにはじめから限界を設けているという意味で、子どもの生活や人生の可能性を幅広く考えておらず、一人の人間の生活や人生に関わる重大な業務というより、あたかも単純作業的なデスクワークであるかのようにケースをこなしていく態度として映るのである。

事はそれだけではない。多忙などを理由に親を放置することは親を「いない存在」として扱い、そして親を子どもの今後の人生にとって「いなくていい存在」として扱う態度として映る。それは、それまで子どもの養育を使命として背負い、親であることが自身のアイデンティティとなって生きてきた人間としての尊厳を傷つけることになりかねない。放置というのはそのような重大な意味をもちかねない。そしてそれは親子の引き離しという警察的ともいえる機能と、家族再統合に向けた支援という福祉的、ケースワーク的な機能の本末を転倒させている状態でもあるのだ。
アルコール中毒によって養育不適切だとして子どもと引き離されたある母親が、自分を変えようと積極的にさまざまな市民講座、ＡＡ等のセルフ・ヘルプ・グループやカウンセリング等に積極的に参加し、何年も断酒に成功していたとしても、児童相談所は施設入所が決まった事例であることをもって、すでに終結しているかのように扱うこともある。断酒をしたことで直ちに措置解除、家庭復帰とはいかないとしても、その判断材料を得ようという動きが児童相談所にみられない場合、親からすれば、終わりが見えないまま孤独な生活が続くのである。多忙のためか、関心がないためか、理由はともかく児童相談所が親の努力をみないというのは、親からしてみればケースがすでに終結したとみなし、親を見放しているのと実質的に同じである。

もちろん親に対する支援の手薄さについては、専門職や研究者の側も現在的な課題として認識してきたところである。

> とある施設退所した方と懇談している中で、次のように言われたことがある。「私たち子どもを保護したあと、精神障害を持つ親は放置されたままだった。誰かがどうにかしてくれないものだろうか。離れていても子どもにとっては親なのです」。この問いかけに言葉に窮してしまった経験がある。精神障害やアルコール・薬物依存症の親に対して、専門的な治療や社会的な支援が届けば、家庭復帰も実現するかもしれない。にもかかわらず、子どもを保護してしまうと、関係機関や地域からのサポートは潮が引くようになくなってしまうことがよくある（藤林・桐野 二〇一三：二六〇）。

親が精神科的な問題を抱えながら子どもの養育をしている場合などは特に子育て負担が大きいであろうから、親子を引き離すこともやむをえない場合もある。しかし子どもを引き離すことで親の精神科的問題を悪化させる可能性もある（玉井 二〇〇一）。したがって子どもの安全を確保できたとしても、その後の親を放置せずに支援する必要性は残っているはずである。

児童相談所の介入後に親を放置することなくきちんと支援することは、家族再統合や親支援というテーマに関わっている。児童虐待防止法第四条において国および地方公共団体は「児童虐待を行った保護者に対する親子の再統合の促進への配慮」を行う努力義務がある。また児童福祉法第四八条の三において、施設長や里親など社会的養護の担い手は「親子の再統合のための支援」を関係機関と連携して行う努力義務がある。これによって自治体が条例を制定したり施設等で家族再統合プログラムを行ったりする動きが促されている。

児童相談所や児童福祉施設の体制は、初期対応や子どもの問題行動への対応に向けたものであり、家族再統合に向けた親支援が脆弱であると指摘されてきた（例えば、才村 二〇一一b）。全国児童相談所長会「親権者不同意の一時保護に関する調査」（平成二二年度）によると、二〇一〇年時点だが、家族再統合もしくは家族援助プログラムを組織として確立させている児童相談所は全国で四二％である。もっとも、こうした取り組みが拡大していくことは望ましいとしても、基本的に「家族の再統合とは、『プログラム』という形で抽出されるような独立したイベントではなく、子どもや家族の支援経過の全体に織り込まれたプロセス」（西澤 二〇一三：二六四）であることに注意が必要である。

家族再統合に関してはそもそも理念レベルでの検討も弱いと思われる。西澤哲は日本において家族再統合が謳われるようになったのは子どもや親のためという積極的な意味とは別に、一時保護所や児童養護施設の慢性的な満床状態に対する窮余の策として行われている側面があると述べている（西澤 二〇一三）。また日本の家族再統合には、諸外国のように法整備がなされ、司法と行政の役割が明確化された上で限定的に実施されるのではなく、単に児童相談所の介入の消極性を正当化したり、易きに流れて親の言い分に従うことを促したりするなど、望ましくない効果があるという指摘もある（後藤 二〇一六）。これも一つには家族再統合の理念の曖昧さに起因するかもしれない。

あえて厳しい言い方をすれば、児童福祉という領域では、たとえ児童「家庭」福祉と称して親支援・家庭支援を行うといっても、その関心は第一義的には親や家庭に向いていない。親は彼・彼女自身が支援の第一の目的なのではなく、あくまで子どもの養育機能という点で二次的、手段的に目的化されるのであって、親のみならず家庭もまた子どもの養育環境という手段、資源の一つである。ひとたび児童虐待の文脈が生じると、子どもの安全確保に敏感になって行動や態度が硬直化する。

そのような状況では、家族再統合という理念が謳われても、施設入所であれ何であれ、子どもの安全や生活する場所について一通り落ち着けば、一区切りついたものとしてあたかも終結したかのような感覚になりかねない。

5　コントロールのための言葉

ケア（支援）とコントロール（支配）は表裏一体であり、専門職は支配という権力性を隠すことはできてもなくすことはできない。児童虐待が疑われるケースのように敏感になりやすいケースでは、その権力の臭いは親にすぐさま、というより始めから感じ取られている。

説教

児童相談所の親への関わり方は、親からすればときに上から目線の「説教」に映る。ある家庭において、男児に発達障害があると診断された頃から児童相談所と関わるようになった。職員は発達障害以外のことについてもいろいろと検査を受けるよう勧め、長期に渡って親に提案し続けた。職員は親と会うたびに長時間発達障害についての専門知識を振りかざすように話し、ときには障害児を育てるということがどういうことかを親に「説教」し、いよいよ施設入所をほのめかすようになった。児童虐待の事実を指摘するようなことはいわれず、一時保護などの措置をとられることもなかったが、親は精神的に追いつめられてしまい、その児童相談所の管轄外に引っ越すに至った。

「説教」というのは親による表現であるが、親からすれば自分の子どもに障害があることや他の子どもと違うことを大ごとのようにいわれ、何度も子どもの教育についてわかったような話しぶりで「説教」をされるくらいの精神的な負担があった。もっとも、それほど児童相談所が積極的に関わってくるのなら発達障害の他にも何か事情があるのかもしれないが、とにかく親にとっては知識を披露しながら関わってくることが悪印象だった。また家族が引っ越しするというのは、実際にはさまざまな事情があるだろうが、児童相談所としては支援がうまくいかなかったことの証といえるかもしれない。この点、山縣文治は「追い込まない保護者支援の重要性」を説いている。

支援者側で言うと、きめ細やかな支援とか早期発見・早期対応ということであるが、保護者からみると、疑わしいという視点で監視されている認識になることもある。転居は、疑いの目、監視の目からの逃避とも考えられる。同じ行為を、立場によって、支援として説明することも可能であれば、監視されていると説明することも可能であるということである（山縣二〇一七：一四五－一四六）。

確かに児童相談所は虐待リスクの観点や養育支援ニーズの観点から発達障害の子どもをもつ家庭を少なからず気にかけている。

発達障害児を抱える家庭では虐待リスクが高いからであろうが、その職員が行ったことは「いま・ここ」の親子のあり方に目を向けた介入ではなく、発達障害児と専門職、そして無知な親という抽象的な図を前提にした上での介入だったのかもしれない。その職員は知識だけでなく熱意も備えており、子どもに発達障害があるということで使命感を持ち、もっと検査を通して積極的に支援したかったのかもしれない。しかしもし親子を記号的な人間観で捉えていたとすれば、障害の有無と関わりなくわが子をわが子として扱ってきた親としては違和感を覚えることもあるだろう。

物語への誘導

児童相談所が親子を引き離した後、残された親に対し「虐待に向き合い生活を改めれば子どもとの手紙のやり取りくらいは可能ですよ」といった説明をして親をコントロールすることは、取引的、戦略的な関わり方に映るものである。子どもとの面会・通信をちらつかせ、虐待の物語に親を誘導しているのである。この取引的、戦略的関わりについては「児童の最善の利益」を追求する上で「だからまずいのだ」という意見も、逆に「だからいいのだ」という意見もありうるだろう。

保護した子どもとの面会・通信に関しては児童虐待防止法第一二条や児童相談所運営指針などで定められているが、最終的には児童相談所の判断で制限できる。この権限は児童相談所の高度な専門性と倫理性を前提としており、具体的な事例の多様性に応じた柔軟な判断のためであるが、親をコントロールし、追い詰める機能もある。

児童相談所が自らの強力な権限を背景に、親に対して巧みにコントロールの力を働かせることに対する親の批判は、児童相談所批判の典型であり、また同様の立場におかれうる人々に対して警鐘的な文脈をもつ。

最愛のわが子に長期間面会させず、わが子と面会したがっている親の気持ちを昂ぶらせておいて、それを奇貨とし、自らが捏造した「虐待ストーリー」を親に認めさせるなど、児相の都合のよいように面会の機会を利用する、極めて狡猾な手段を弄してくる。親がこの罠にはまって児相が作ったストーリーを認めてしまうと、児相は、例えば一度だけわが子と短時間面会させ、あとは「やはり子どもが嫌がっている」などと、証明不可能な口実を持ち出して再び面会を遮断し、親に認めさせた虚構の「虐待ストーリー」は書面の記録に残して、後日、国や都道府県などを相手取って親が起こすかもしれない国家賠償訴訟に備え自己に有利な証拠としてとっておくのである。こうした児相が仕掛ける罠に、わが子を愛する親は決してはまってはならない。なぜならそれは、国際的に権利として認められている真の親子再統合を遠ざける結果しか生まないからである（南出・水岡 二〇一六：一四九）。

ケースの真相はともかく、物語の展開としては、親は児童相談所に従わなければ子どもを返してもらえないと思い、子どもを返してもらうために児童相談所の説明にたとえ納得できなくても従順になっていくことがある。このとき、親が職員の言動や現行制度に関する疑問点を述べると、「そういうことを言うのは、反省がない証拠」となりかねない。

近年では専門職の側からも、「一時保護に至った場合にも、起こった虐待の事実に着目しその事実を認めさせ、時には保護者に誓約書の署名を求めたり、家事支援のヘルパー導入や虐待防止プログラム受講などの支援を受け入れたか否かが親への評価になっている」（熊崎 二〇一五：一五）という危険性も語られつつある。児童相談所も、社会的要請として戦略的になり、コントロールのための技術を用いる必要があるのだろうが、親とのかかわりに関しては、よい支援のためのジレンマというより、支援そのものの発想が希薄化していることへの危機感を覚えている。

脅迫的な言葉

児童相談所は親に対して子どものための養育上の支援を行うものであるが、「子どものための」という文脈は親からしてみれば脅迫的なものになりかねない。児童相談所は親子の引き離しという権限、あるいはすでに親子の引き離し後の状況を背景にして親と関わっているのであり、「お子さんの安全を考えると…」「お子さんと再び生活できるように…」といった言葉は、それ自体、児童相談所にその気はなくとも脅迫的な意味が生じる。

また、より明確にコントロールのための脅迫的な表現を用いる場合もある。例えば、児童相談所は保護した子どもの施設入所などの措置をとる場合、親の同意がなければ家庭裁判所に審判を申し立てることになるが（いわゆる二八条審判）、このことを「施設入所に同意しなければ裁判所に訴えますから」というように、誤解を招く表現で説明する場合がそれである。子どもと引き離されている親が、あたかも自分自身の行為について訴えられ、政府＝統治権力によって罰せられるかのような説明を受ければ、相当な戸惑いを覚えることになる。

児童相談所が親をコントロールしやすい状況を作り出す戦略的な説明は、もともとある両者の権力関係や法制度の知識の差、専門職としての職業倫理などの点を考えると、はたしてどこまで正当化できるのだろうか。

果たされない約束

また児童相談所の説明が結果的に虚偽になる場合も、親を深く失望させる。「二、三日預かるだけですからお母さんも気分転換してみては」などといって、そのまま一時保護をして何年も子どもと面会・通信できないようにする場合などがそれである。わが子がどこに行くのか、どれくらいの期間引き離されるのか、今後の手続きはどうなるのかといった点に関して具体的な数字や名称を示して説明して親を安心させておいて、後に反故にする場合もある。児童相談所としても、多忙やケースの困難さから、計画通りに進まなかったり、ミスも起こりやすかったりするのかもしれない。実効的な介入にするために多少は戦略的、防衛的にならざるを得ないという事情もあるだろう。しかしながら相手を安心させておいてその約束を反故にすると、その仕方が卑怯で不当だと評価され、それが児童相談所の常套手段であるとみなされかねない。

このような場合、子どもの安全のためという大義を繰り返す以外に弁明は難しいが、しかし子どもの安全のためという大義の一点突破で、児童相談所のさまざまな活動のどこまでを正当化できるのだろうか。

支援の姿勢の難しさ

コントロールのための言葉や態度への批判に関して、現場の専門職からしても「児童福祉司が陥りやすいのは『…してやる』との気持ちが、どこかに生まれてしまうことである」「身勝手な相談者に業を煮やし、『…してやらない』との気持ちが芽生え、表情などに出てしまう場合が散見されるが、これでは、ソーシャルワーカーとしての児童福祉司に専門性がないと指摘されても仕方ない」（斉藤 二〇一二b：二四）といわれている。親と児童相談所との関わりが児童相談所による「指導」という形をとる場合にはいっそう「説教」という意味合いが強くなるであろうし、一時保護で子どもと引き離されていれば尚更である。

しかしこの「指導」は、監視と説教の父権的文脈というより、信頼と共感のなかで養育上の支援を行っていくのが制度の想定としても実践としても望ましい。

> 児童虐待を行った保護者に対する児童福祉法第二七条第一項第二号の措置、つまり児童福祉司指導というのは、決して虐待を起こさぬよう監視するだけでなく、育児不安や子育ての苦労を共感的に理解し、受け止め、虐待や暴力に頼らなくても可能な養育技術を伝えることなどがその大切な役割のはずである。ということはその前提に相互の信頼関係が不可欠なのであり、この点で児童相談所は難しい立場に立たされることもある、と言わざるをえない（川崎 二〇一〇b：一一〇）。

ところで、親のなかには、児童相談所が親に虐待親というラベルを貼る一方で親の子どもへの愛情の深さを逆手にとってコントロールする戦略をもっているという、随分な深読みをする人もいる。たとえば、子どもにとことん愛情のない親であれば子どもが児童養護施設などに移された後で費用を払わない可能性があるので、親子を引き離すケースにおける親は、「子どものため」といって金銭要求に従う程度には子どもへの愛情が深いほうがいい、というのがそれである。つまりそのような親の認識としては、児童虐待とは子どもへの愛情のない親に対するラベリングであり、児童相談所は親にその児童虐待があったといっているのに、実際には親が子どもへの愛情ゆえに児童相談所に従順になることを見越しているのだから、それは矛盾ともいえる態度である、という具合である（もっとも、別の親は児童相談所に対してできる数少ない抵抗として「施設費用はあえて払わない！」と宣言していたが）。

子どもへの愛情の多寡と児童虐待の発生は直結しないはずなのだが、そのような親の話を聞いていると、児童相談所が親との関わりのなかで、介入する際の自らの姿勢をどのように説明しているのか、気になるところである。愛情と児童虐待の関係などという話になってくると、たいてい昏迷を極め、無限の深みに嵌まっていく。

もっとも、もし当該の親に子どもへの深い関心と愛情があるということがわかっているのであれば、それは児童相談所にとって親のストレングスにほかならない。そこに着目して、親が適切な養育をできるように「支援＝コントロール」していくという意味では、「児童相談所は親の愛情を利用し…」という声も、あながち間違っていないのかもしれない。

6　定義の権力

児童虐待の定義

今更であるが、児童相談所の介入を受けた親のなかには、「児童虐待」の定義が曖昧であるために児童相談所の業務が恣意的になっていると考える人もいる。

そもそも児童虐待とは何なのか。今日の児童虐待の定義について、児童虐待防止法の定義が必ずといっていいほど参照されるので、ここでもこれを引用しておく。

「児童虐待の防止等に関する法律」

第二条　この法律において、「児童虐待」とは、保護者（親権を行う者、未成年後見人その他の者で、児童を現に監護するものをいう。以下同じ。）がその監護する児童（十八歳に満たない者をいう。以下同じ。）について行う次に掲げる行為をいう。

一　児童の身体に外傷が生じ、又は生じるおそれのある暴行を加えること。

二　児童にわいせつな行為をすること又は児童をしてわいせつな行為をさせること。

三　児童の心身の正常な発達を妨げるような著しい減食又は長時間の放置、保護者以外の同居人による前二号又は次号に掲げる行為と同様の行為の放置その他の保護者としての監護を著しく怠ること。

四　児童に対する著しい暴言又は著しく拒絶的な対応、児童が同居する家庭における配偶者に対する暴力（配偶者（婚姻の届出をしていないが、事実上婚姻関係と同様の事情にある者を含む。）の身体に対する不法な攻撃であって生命又は身体に危害を及ぼすもの及びこれに準ずる心身に有害な影響を及ぼす言動をいう。）その他の児童に著しい心理的外傷を与える言動を行うこと。

今日の「児童虐待」には身体的虐待、性的虐待、ネグレクト、心理的虐待の四つの類型がある。波線を引いた部分は特にそうであるが、いずれも抽象的で解釈余地が広く設定されている。ネグレクトや心理的虐待は「その他…」といういわゆるバスケットクローズを含んでおり、運用段階でトラブルが予想されるような曖昧さを抱えている。実際、児童虐待防止法はその作成過程において「しつけ」と「虐待」の線引きなど基本的な認識について立場に隔たりが残ったまま成立したものである（読売新聞政治部 二〇〇三）。このような曖昧さを抱えたまま、児童虐待対策の社会的要請とともに、児童虐待の定義は拡張気味に変化してきた。

二〇〇四年の児童虐待防止法の改正により、児童虐待に配偶者間の暴力（いわゆる面前ＤＶ）に関する事項が加えられた。子どもの目前で配偶者に対する暴力が行われることなど、直接児童に対して向けられた行為ではなくても、児童に著しい心理的外傷を与えるものであれば心理的虐待として児童虐待に含まれ、また同居人による児童虐待の見逃しや黙認もネグレクトとして児童虐待に含まれるようになった。今日警察から児童相談所への児童虐待通告が急増しているが、この面前ＤＶによる心理的虐待の割合が高い。

またこの改正では通告の対象が「児童虐待を受けた児童」から「児童虐待を受けたと思われる児童」に拡大された。児童虐待に対する社会的関心の高まりと児童相談所の怠慢への批判の論調は、予防と早期発見、早期介入を促し、介入基準の緩和として実質的に児童虐待の定義拡張をもたらした。

定義の拡大によって「児童虐待」のラベルを貼られる人が増えることは、単に定義にあてはまるとされる親が増えるというだけの意味ではない。児童虐待にあたらないように親が子どもの養育において普段から配慮しなければならない事柄も増大していき、親であることのハードルが上がり、子育て負担感が増大するということである。

定義が曖昧で広範であるために恣意的な運用ができてしまうと考えられる一方で、曖昧で広範だからこそ多様な虐待事例に対処することができると考えられる。

それでも定義の曖昧さは実際に介入を受ける親からすれば納得し難いものがある。ある親は一時保護の理由を児童相談所に尋ねたところ「言葉や威圧感などが暴力的であり、それも児童虐待になる」という旨の返事を受けたという。確かに言葉の暴力は心理的虐待になりうる。しかし「威圧感」が暴力になり、児童虐待になるというのはどのように理解すればよいだろうか。そうすると、いわゆる「厳格な父」「昭和の父」「カカア天下」「鬼嫁」「オニババ」と表現されるような、親の人柄や家族間の関係性それ自体が「児童虐待」や「暴力」の構成要素と解されることになる。

こうした児童相談所による児童虐待の説明の分かりにくさ、納得の難しさによって、親はその職員個人の本音と思われた言葉を言質としたり、何らかの推論によって埋め合わせたりして、「児童相談所は、親に権威など必要なく、ただただ褒めながら甘く優しく子どもと接すればいい子に育つと言っている」「児童相談所は子どもが嫌がることや不快なことは何でも児童虐待になると言っている」「児童相談所は児童虐待という概念を使って特定のイデオロギーを日本の家庭に根付かせようとしている」などと解釈するに至る。

こうした認識も先鋭化すると陰謀論めいたものに結びつきかねないが、そこまでいかなくとも、児童相談所が特定の親の像を推奨し、特定の親の像を否定するある種の政治性を帯びた実践として「児童虐待」という概念を駆使しているという程度の感覚は、児童相談所と対立する親であれば多かれ少なかれ抱いている。

もちろん「児童虐待」の定義の拡張的変化や定義の曖昧さについては専門職や研究者の側からも言及されてきたところである。

> ……虐待概念を広げ、親が負うべき責任の範囲を大幅に拡大する。そのため、さまざまな虐待対策にもかかわらず、否、むしろ虐待対策が進めば進むほど、かえって虐待は増加し、虐待という過酷なスティグマを押される親と子や、虐待の疑いをかけられて傷つく親子を増やし続ける（広井 二〇一三：八）。

> 児童虐待の問題を取り上げる時、保護者のどのような状態を問題とするかは、実はそれほどクリアカットな定義が用意されているわけではないのである。法令やマニュアルで、こうした定義がどのように整理されようとも、現場でさまざまな事例に直面すればするほど、その定義にあいまいさが残っていることに僕らは気づかされることが多いのだ。すっきりした形で虐待を判断することの方がまれであるとさえいえる（山野 二〇〇六a：三〇）。

定義の曖昧さを、時代社会の変化に対応した必然的なものであるとして説明することはできる。例えば川崎二三彦は以下のように述べている。

今後も社会の変化とともに定義が変わっていくことは間違いないだろう。ただし、私たち児童相談所職員は、その時々に法律で定められた定義を踏まえて対応するしかない（川崎 二〇〇六：六一）。

定義は変化するが、児童相談所は「法律で定められた定義を踏まえて」対応するしかないという認識である。ただ、川崎がこの記述の直後に例として挙げている親向けの説明文は以下のようになっている。

「法律では、『児童の身体に外傷が生じ、又は生じるおそれのある暴行』を児童虐待に明記しています。お父さんがどんなお気持ちであったかはともかく、怪我をするとか、あるいは怪我をしてしまいかねないような体罰は、児童虐待と言わざるを得ないんです」「事情はおありでしょうが、こんな小さなお子さんを、まして夜間に一人で置いて出かけるのは困ります。暴力をふるっていなくても、こうしたことも児童虐待にあたるんですよ」（川崎 二〇〇六：六一）

確かに児童相談所の介入において、あるいは介入役割と支援役割を繋ぐにあたっては、特に法的根拠を明示することが有効であるといわれている（高岡 二〇一〇、佐々木・田中 二〇一六）。ただ、児童相談所は「法律で定められた定義を踏まえて」対応するというが、児童虐待防止法第二条のような一般的な記述をもとに児童虐待を認定している。「法律で定められた定義を踏まえて」というと、介入に際しての判断基準が法律の厳密な規定によって自動的に決まっているかのような印象を与える。しかし実際には法律上の必然というよりは法律に従ってその範囲内で最終的に自らの基準で判断している。ここで端的に示されているように「お父さんがどんなお気持ちであったかはともかく」「怪我をしてしまいかねないような」状況を正しく把握するための基準は法律の規定それ自体ではなく法律に照らして判断する児童相談所であるということだ。

それが直ちに不当なのではない。くどいようだが、「児童の最善の利益」を追求する上で、「だからまずいのだ」という意見も、逆に「だからいいのだ」という意見もありうる。ただ少なくとも児童相談所に不信感を抱いている親からしてみれば「こうしたことも児童虐待にあたるんですよ」という言葉は魔法の言葉のように思われ、「虐待を認定する資格は常にこちら側にのみあるんですよ」と児童相談所の権力を示す言葉に聞こえてしまう。

筆者は本書で参照している専門職が実際の現場において無理のある介入をしてきたとか、そのようなことをいっているのではない。しかし低いモチベーションのなかで多忙な日々の業務を何とかこなしているような職員、あるいは支援の発想を放棄した職員が担当をもち、安易に「こうしたことも児童虐待にあたるんですよ」と定義し表明することを放任していれば、ときに合理性を欠いた権力行使になりかねないし、それが可能な制度設計になっている以上はやはり注意が必要である。

児童虐待と家庭内体罰

児童虐待の定義の曖昧さは、家庭内体罰に関する議論に関わっている。筆者の知見する限りでは、家庭内体罰については児童相談所と対立する親にもさまざまな意見があり、どのような立場が支配的ともいえない。

児童相談所が親に家庭内体罰をやめるように要求してくることを問題視している親からすると、学校内体罰と家庭内体罰、また家庭内体罰と児童虐待とは厳しく区別される。児童虐待は概して禁止されるべき行為のことをいう一方で、家庭内体罰については法解釈上禁止されるべき体罰とそうでない体罰に区別される。例えば学校での体罰については学校教育法一一条で「ただし、体罰を加えることはできない」と規定されているのに対し、親権者の懲戒権について規定した民法八二二条では「親権を行う者は、第八二〇条の規定による監護及び教育に必要な範囲内でその子を懲戒することができる」とあり（「民法第八二〇条の規定による監護及び教育」とは「子の利益のために」行う監護及び教育である）、家庭内体罰を禁止しているとはいえない。

家庭内体罰と児童虐待の区別を強調する立場では、家庭内体罰を子どもの利益のために行う有形力の行使であるとする一方で、児童虐待を子どもの利益のために行うものではない親の独善的な実力行使であると理解する。いわば家庭内体罰と児童虐待は対立関係として捉えられる。「体罰を行わずに口で言って叱ったり説得したりするべきだ」という常套句について、冷静な体罰という領域を観念できていないと批判する親もいる。また、会話の技術で説き伏せることよりも感情を込めて叩いてやることの方が伝わることもあり、子どもが立ち直って生きていけることもあると主張する親もいる。こうして家庭内体罰を肯定する親にもさまざまな立場や説明の仕方はあるものの、「体罰とは身勝手な感情表出であり子どもが不幸になる」という固定されたイメージに対して批判的な親はいる。

社会福祉や教育、心理、法などの領域から児童虐待にアプローチする専門職や研究者の議論では、家庭内体罰や懲戒権規定に対する否定的論調が目立つ。「体罰は虐待であるかどうかの議論をするよりも、体罰が虐待のリスクであるというメッセージを明確に社会に発信すべきである」（澁谷 二〇一一：一七〇）という穏当な意見もあるが、体罰は子どもの人権の侵害であるという視点、体罰が教育機能や更生機能を持っていないという視点、あるいは懲戒権の見直しは虐待の予防と救済の観点から必要であるという視点などから、否定的な意見が示される傾向が強い（例えばいま筆者の手元にあるだけでも、久保健 二〇一六b、岩井 二〇一三、平湯 二〇一二、岩城 二〇一二、吉田 二〇一一、小野 二〇一一、川崎 二〇一〇a、平湯 二〇〇〇）。

しかしそれは親からすれば納得がいかない。むしろそのような親からしてみれば、この社会に無数にある「あのとき親父に殴られたから自分は変われたのだ」という人々のリアリティを故意に無視して論を成り立たせているように映る。また国際的な傾向や時代の傾向がどうであるという類の説明も、学問的にはともかく現場においてはこれまた解決の糸口とはなりづらい。民法改正の契機がありながら（懲戒権の規定を含む第八二二条も平成二三年に改正されているが）、今日まで懲戒権をあえて残してきたことについては、家庭内体罰に肯定的か否定的かのポジションはともかく、軽視し難いものがある。

児童福祉関係者の前でこのようなデリケートな議論に触れると「お前は家庭内体罰を推奨しているのか！ そんな奴に福祉を語る資格はない！」と憤慨してそこから話を聞く耳すら持たない人もいる（本当にいる）。しかし筆者がここでいいたいのはそのようなポジション的なことではなく、児童相談所職員が親と関わるにあたって、現行法上、家庭内体罰の話はかなり障壁になっているはずだ、ということである。

児童虐待防止法第二条の身体的虐待の定義では「児童の身体に外傷が生じ、又は生じるおそれのある暴行を加えること」であるから、家庭内体罰を「外傷が生じるおそれがある暴行」と解することで、そのほとんどを解釈と運用においては児童虐待にあてはめられそうである。また「手引き」（平成二五年）においては「叩く」が身体的虐待に含められている。児童相談所からすれば、ほぼ「家庭内体罰＝児童虐待」という理解に方向づけられている。

しかし家庭内体罰がそれ自体をもって児童虐待であると明確に規定する法律があるわけではない。家庭内体罰は、児童相談所の判断によって指導や一時保護等の措置をとることも**ある**という、権力を背景にした法運用の予見可能性や、ミクロ・ポリティクスとしての説得行為によって、実質的な禁止が図られている。実際、児童相談所としても、家庭内体罰の発生それ自体をいちいち児童虐待であるとして認定して告知しているわけではないし、ましてや子どもを保護しているわけではない。逐一そのようなことをしていたらきりがない。

最初のうちは優しく諭しているが、いくら言ってもきかないので言葉がきつくなり、それでも効果がないために体罰を用いる。この段階で諦めれば少なくとも身体的虐待には至らない。自分が子どもに甘く見られていると思ってしまうと落とし穴にはまる。ますます体罰をきつくし、けがをさせたり、あるいは食事抜きなどエスカレートしていく（牧 二〇一一：三八）。

私が児童相談所に勤めていた頃、親から殴られて身体の一部が腫れたと病院を受診した男児について、診察した医師から通告したことがある。男児は殴られても仕方ないほど悪いことをしたのだから納得していると言い、家庭調査に拠っても親の養育力は低くなく、その事象以降、体罰が反復される可能性は低いことから、虐待相談としては受理しなかった（川畑二〇一三：一七九）。

　これは児童虐待の議論一般にいえることだが、家庭の親にしても、専門職や研究者にしても、具体的な行為や状況がその一般的定義に合致するとして「児童虐待」という語を用いる場合と、実務として子どもを保護するべき状況に至る行為や状況を指して「児童虐待」という語を用いる場合があり、しばしばこの二つの文脈が混在している。

　児童虐待防止法や「手引き」によれば、現行制度上、家庭内体罰はほぼ児童虐待にあたることになるが、それがただちに保護するべき状況というわけではない。これは児童相談所の裁量が非常に広いということであり、その分、親からすれば何が許容されて何が許容されないかがよくわからないし、児童相談所としても口頭での説明が難しいところがある。児童相談所は柔軟かつ実効的に介入することを求められているが、親はそのような児童相談所に対して一貫性がなく強引に介入しているようにみえるのである。家庭内体罰と身体的虐待の関係についての議論が深められないままでは、親は家庭内体罰を単なる体罰ではなく「児童虐待」とみなした児童相談所に対して、あえて筋の悪い方の解釈を選択したと認識し、職員に対してその知識、説明能力、価値観などに不信感を募らせる。

　家庭内体罰をめぐっては、児童相談所と親とがコミュニケーションを平行線化させるような構造が、児童虐待防止法や「手引き」、民法などの不整合によって出来上がっている。それを児童相談所が自らの権限を背景にした「支援＝コントロール」の技術で処理しようとすると、家庭内体罰に対して確信的な親から抵抗が生じるのは必然である。

7　「児童の〇〇」という理念

福祉侵害

ここまで児童虐待の四類型や、そのうちの身体的虐待と家庭内体罰の関係など、児童虐待そのものに関する議論について述べてきた。しかし「児童虐待」それ自体は、児童相談所における親子引き離しと直結しているわけではない。すでに第一章でふれたところであり、今さらの感もあるが、おそらくそのことが多くの親にとって最も理解しがたいところであり、納得しがたいところであろう。

子どもを親から引き離すということは、いうまでもなく親子に重大な影響を与えるが、これを行うための法的なハードルは低い。児童相談所は児童福祉法に基づく行政機関であり、一時保護は児童福祉法第三三条、施設入所は同第二七条一項三号や第二八条に基づいている。児童福祉法が制定された当時は戦災孤児や浮浪児の保護が喫緊の課題であり、それを想定した「要保護児童」に関する規定が今日の被虐待児童に関する制度の基本的な枠組みを与えている。児童福祉法は児童虐待に対処するために作られた法律ではなく、児童虐待ケースを含めて包括的に子どもの養育環境を保障するための規定を設けている。

児童福祉法のほか、児童虐待に関係する法律には、民法、刑法、ＤＶ防止法などさまざまであるが、児童虐待に重点化した法律が児童虐待防止法である。これは特別法としての役割が期待されているが、児童虐待ケースに関しては主に児童福祉法の枠組みを補完するため、また児童福祉法の手続きにリンクさせるための法律という性質が強い。具体的には、児童虐待の四類型、国および地方公共団体の責務としての児童虐待防止のための体制整備や人材育成、児童虐待の早期発見や通告の促進、安全確認等の手続き、立入調査や臨検・捜索、警察の援助等の手続き、児童虐待を行った親の指導、親の面会・通信等の制限、施設入所などの措置を解除するときの手続きなどである。しかしこれらは実践の枠組みとしては児童福祉法の趣旨を超えるものではない。

また児童相談所は「児童相談所運営指針」や「手引き」などの通知に基づいて活動しているが、これらも児童福祉法という大きな枠組みに照らして理解されるものである。あくまで一時保護などの強力な権限行使を含む児童福祉のあり方を定めているのは包括的・一般的な性質を持つ児童福祉法である。

一時保護について、児童福祉法第三三条では児童相談所長が必要と認めるときは一時保護ができるとある。児童虐待防止法はというと、第八条で児童虐待の発生と思われる通告や送致を受けた児童相談所長は「必要に応じて」速やかに安全確認に努めるとともに一時保護を行う。つまり児童虐待防止法における児童虐待の定義に当てはまるような事実についての判断とは関係なく、つまり児童虐待を認定しようとしまいと、児童相談所が「必要」と判断したら保護できるということである。

その「必要」とされるときとはどのようなときか。当然、子どもの安全の確保が重視されるわけだが、児童福祉法を貫くより一般的な理念、より大きな目的は「児童の最善の利益」の観点から「児童の福祉」を保障することであるから、それが脅かされている状況としての「福祉侵害」の状況があるときが、「必要」なときである。

そもそも一時保護のコンセプトとしては、児童虐待による緊急保護のみでなく、行動観察、短期入所指導といった機能もあり、緊急保護をとりあげてみてもそれが必要となる状況は以下に列挙されるようにさまざまである。[3]

①　迷子、遺棄、家出などで親や居住地がわからず、宿所がない状況
②　児童虐待などの理由でその児童を一時的に引き離す必要がある状況
③　児童の行動が自分または他人の生命、身体、財産などに危害を及ぼし、またはその恐れがある状況
④　児童相談所に、児童が直接、さまざまな理由で助けを求めてきている状況

⑤　児童の親が、死亡、入院、行方不明などにより養育することができない状況

子どもの養育に関するさまざまな状況に対応するために、「児童の最善の利益」の観点から「児童の福祉」を保障するという理念をもとに、柔軟に一時保護ができるようになっている。

児童虐待はあくまでその理念が実現されていない「福祉侵害」の一つである。この「福祉侵害」という概念は児童福祉法第二八条の文言の解釈として施設入所等のための審判の場面で用いられるもので、そこで児童虐待とはあくまで「著しく当該児童の福祉を害する場合」の例示であると解するのが一般的である（安部 二〇〇一b、岩瀬 二〇一二）。ただ「福祉侵害」は「児童の最善の利益」の観点から「児童の福祉」を保障するという児童福祉一般の理念に結びついている以上、一時保護や指導なども含めて、あらゆる児童相談所の業務に関わっている。

専門職の認識として「最終的には、子ども虐待をめぐる議論は子どもの福祉という、やや理念的な概念に帰着せざるを得ないのかもしれない」（小野 二〇一一：一二二）とあるが、まったくその通りであり、それは哲学的な話ではなく、児童福祉を貫く理念であるとともに法の趣旨、そして法運用の規準でもある。

児童の〇〇、子どもの〇〇

「福祉侵害」というのは「児童の最善の利益」の観点から「児童の福祉」を保障するという児童福祉の理念が実現されていない状態である。それらの理念は「児童の〇〇」「子どもの〇〇」といったパターンで他の理念的な語彙にしばしば置き換えられる。

少し長くなるが、以下の川畑隆の文はそれがよく表れている。

児童虐待の防止等に関する法律では「子どもの側からみて虐待であれば虐待である」となっているが、親から頭をこづか

れた中学生が「虐待！　虐待！」と騒いでもそれだけでは虐待にはならない。子どもの被害の状況や言い分だけでなく、保護者や周囲からの情報の聞き取りを行って、実務家が児童福祉的観点から虐待かどうかを判断するわけだ。そしてその実務家の判断は、子どもに「要保護性」があるかどうかに因る。私は要保護児童を「子どもの健全育成に関して家庭養育だけに任せておけない状況にある子ども」だと意訳しているが、たとえ親から子への暴力があったとしても要保護児童でなければ虐待と認定しない場合もあり得るだろう。……（中略）……同じ行為でも虐待と認めたり認めなかったりでは不公平ではないかという声も聞こえてきそうだが、児童福祉は行為だけを抜き出して罰するような警察機能を追っているのではなく、子どもが健全に育成されるという権利を守ることが使命なので、それでいいのではないだろうか（川畑 二〇一三：一七九－一八〇）。

この場合「子どもが健全に育成されるという権利」が「児童の最善の利益」「児童の福祉」「子どもの人権」などの理念に相当し、すなわち介入の基準とされている。そして「子どもの健全育成に関して家庭養育だけに任せておけない状況」が「福祉侵害」の説明である。専門職や研究者のなかでもその表現は必ずしも統一されていないが、いわんとすることは共有されているだろう。

「児童の〇〇」という理念の語彙の中でも、児童福祉法や「児童の権利に関する条約」のみならず、日本国憲法など他の議論に広く開かれた語彙が「子どもの人権」などと表現される「人権」である。これは児童福祉論ないし社会福祉学一般にみられる傾向であるが、「人権」という概念は表現される福祉の理念と換言的であり、実定法レベルの人権と超実定法レベルの人権の境界を希薄化させる書き方で用いられる傾向がある。福祉の理念の実現を妨げることは人権の保障を妨げることでもあるとされる。

したがって児童虐待は児童虐待防止法の第一条でもいわれているように児童の「人権」の侵害でもある。

ときには親権を盾に、児童相談所と真っ向から対立してくる保護者に対し、われわれのよりどころは子どもの最善の福祉

ただひとつです。子どもの人権を配慮し成長発達の可能性を尊重し応援していくこと……（御代田 二〇一三：七）

「子どもの最善の福祉」「子どもの人権」などさまざまな言葉がミックスされ、表現されるが、やはりこれらのような「児童の〇〇」の語彙が、児童相談所を含め児童福祉一般の理念である。こうして「児童の〇〇」の語彙は「福祉侵害」概念との表裏一体の関係で位置をもつものとなる。

「児童の〇〇」という語彙は、その詳細な原理が解明され、完全に定義化されていなくても、法運用上の力をもつ。「児童の〇〇」の内容は現場で対応する個別のケースの状況に照らしてその都度生起するものである。しかしそれは児童相談所の介入を受ける側からすれば、しばしば明晰性を欠いた魔法の言葉のように映るのである。

ひとまず親子引き離し

「児童の〇〇」という児童福祉の理念に基づいて、親の同意なしに一時保護などを行う児童相談所の姿勢は、厚生労働省のすすめに従うものである。

「児童相談所運営指針」（二〇一二年改正版）に「一時保護は原則として子どもや保護者の同意を得て行う必要があるが、子どもをそのまま放置することが子どもの福祉を害すると認められる場合には、この限りではない」とある。「子どもの福祉を害する」（福祉侵害）という概念に照らして、親の同意なしで一時保護しなさいということである。

厚生労働省の「手引き」（平成二五年度版）では次のように勧めている。

　単に生命の危険にとどまらず、現在の環境におくことが子どもの安全な家庭生活を確保する上で明らかに問題があると判断されるときは、まず一時保護を行うべきである。一時保護を行い、子どもの安全を確保した方が、子どもへの危険を心配することなく虐待を行っている保護者への調査や指導を進めることができ、また、一時的に子どもから離れることで、保護者も落ち着くことができたり、援助を開始する動機付けにつながる場合もある。子どもの観察や意見聴取においても、一時保護による安全な生活環境下におくことで、より的確な情報収集を行うことが期待できる。以上の目的から必要とされる場合は、躊躇せず一時保護を行い、その上で虐待の事実等を調査するということが子どもの最善の利益にかなうといえる（九九頁）。

この文では「子どもの安全な家庭生活」がつまり「児童の福祉」であり、それを脅かすのが「福祉侵害」であるから、「子どもの安全な家庭生活を確保する上で明らかに問題がある」場合が福祉侵害の換言である。そのような場合に「躊躇せず一時保護を行い、その上で虐待の事実等を調査する」ことが勧められている。児童虐待の事実とは直結せずに親子を引き離すことは、それが可能な制度設計であるというだけではなく、積極的に勧められているのである。

親がそれを不安に思うのは、児童相談所が「支援」という枠組みに依拠していることに対してではなく、「支援」という柔軟な福祉の枠組みのなかで強権的な警察的機能を果たしていることに対してである。刑事事件のように客観的事実を示す証拠を集めたり、裁判所から逮捕令状を取ったりすることも必要なく、いってしまえば、疑いの段階で一時保護として二カ月もの親子引き離しが可能である。

そのような強烈な一時保護の権限が許容されるのはなぜなのか。日本弁護士連合会によると「通常行動の制限を行う場合、裁判所の許可ないし命令が必要であるが、このような強力な権限を児童相談所長に与えたのは、一時保護は極めて急を要する場合が多いこと、終局的な処遇を行うまでの短期的なものであることなどから例外的に認められている」（日本弁護士連合会子どもの権利委員会 二〇一二：一〇六）という。

しかしながら、緊急ならば、短期間ならばということで、令状取得のような段階を踏まずに統治権力が一般市民に対して介入を行ってよいというのはどこまで許容されるのだろうか。それならば実際に児童相談所の調査能力と倫理観が極めて（つまり警察よりも）高度であることが保障されていたり、事前の司法審査に裏付けられていたりしなければならないのではないか。

「一時保護を先にした方が親との関わりがうまくいく」というのは、児童相談所からすれば親を支援しやすく、またコントロールしやすいということだ。「子どもを預かったうえでないと、親側の理屈に終始し、話し合いの土俵にすら乗らない。同時に、興奮した状態では子どもとも会わせられない」（衣斐 二〇一一：三六）という状況を考えれば、有益な側面もある。しかし親からすれば先に子どもを「人質」にとられている。この点、「職権により子どもを保護したことで、家庭引取りを願う保護者が指導を受け入れることもある。ただし、だからといって保護者を指導する『手段』として子どもを親から引き離すのは本末転倒といわざるを得まい」（川崎 二〇〇六：一四一）という指摘がある。

「児童虐待」概念の曖昧さや「児童の○○」に結びついた「福祉侵害」に基づく強権的介入の問題は専門職や研究者としても自覚的である。というより、そのような理念を規準とする曖昧さゆえに児童相談所職員は現場で葛藤を覚えているのである。しかしながら今日の支配的論調は既存の制度の枠組みの中で、高い倫理観をもつとか、目的を見失わないで業務にあたるといった精神論の次元で議論が収まっている感が否めない。

この状況に対して山本恒雄は一応の基準を示しつつ子どもの安全確保が児童相談所の職分であると強調している。

外からみてすぐに発見される異常ですら、原因を突きつめようとすると、ものごとの輪郭はかえってぼやけてくる。たとえば子どもの不審な怪我にしても、それが故意の暴力によるか、事故なのか、きょうだいゲンカ、あるいは何かの病気の症状なのか、通告の時点で正確に突きとめようとしても不可能であることが多い。外科医であっても、怪我の原因特定の専門家ではない……（中略）……「虐待」という言葉からわれわれはしばしば、加害者や加害行為の特定・追及に注意を向けやすい。しかし重要なことは、前記の「子どもの安全」をめぐる三点が否定されない場合を見分けることである。我々はまず、加害者の発見と問題の究明よりも、子どもの安全確保に責任を負っている（山本 二〇一一：一二五）。「子どもの安全」をめぐる三点とは、①子どもの安全が損なわれているかその疑いがあること、②家庭養育において子どもの安全が守られていないか必要な世話がされていない、あるいはその疑いがあること、③そこにいる者だけで子どもの安全をいつも確実に確認することが難しく、また子どもの親がそれに協力することが確実でない（専門機関の権限による調査と評価・判断が必要な）ことである。この三項目のうち一項目が該当すれば「子ども虐待のサイン」であり、通告が必要であり、「その疑いがある」ことも子どもの安全確保の責任が生じる事態とされている。これもやや曖昧で、介入促進的な基準である。

「子どもの安全」という理念の強調は、児童相談所の役割として正当である。児童虐待の事実性や〈被害者／加害者〉性よりも、「児童の〇〇」という理念が第一義的な行動原理であるからだ。たとえ職員が介入したケースがもともと児童虐待の発生を想定したものであったとしても、その関心を「児童虐待の発生」ではなく「子どもの安全」という一般的な次元に再定位することで、児童虐待の発生の有無はあまり関係がなくなる。それは児童相談所の本来の役割からいって当然の視点である。しかし児童虐待の事実性に専ら着目する親からすれば、児童虐待が認められないにもかかわらず親子を引き離せるという理解不能なこととして、不当な権力行使に映るのである。

さらに掘り下げると、児童虐待の議論に際して児童福祉関係の専門職や研究者が頻繁に用いる子どもの「安全」という概念は、「リスク」に対応する概念として社会学的には相応の議論を要し、扱いが難しいものである。例えば山本功は「安全・安心」とは決して達成されることのない政策課題であり、ある状況についての「安全・安心」というレトリックの使用は同時にその状況を「リスク」や「問題」であるとして設定するため、無限に社会問題を創出しうる価値カテゴリであると指摘している（山本功 二〇一二）。児童虐待に関しては今日、完全にこの「安心・安全のレトリック」が支配している。児童相談所による「安全」という誰もが否定のしようのない、そして絶対的には実現しえない価値の強調は、上記の通告規準とされるような「いつも確実に」安全が保障されているわけではないであろう、ほとんどすべての家庭を「問題」のある家庭として構成することができる。

社会学者はマニュアルとしてのリスクアセスメントを指して親子を捕らえる「投網のテクノロジー」と呼ぶが（上野・野村 二〇〇三）、児童虐待の発見と防止という社会的役割を負わされた今日の児童相談所において、児童福祉の理念である「児童の〇〇」の語彙群に「安全」という価値が挿入され「子どもの安全」という強烈な価値が誕生した以上、もはや具体的なマニュアルなどなくとも、児童福祉の理念、論理そのものが「投網のテクノロジー」の装置として機能している。

「児童の〇〇」という理念的な語彙を用いて積極的に子どもを保護していくことについては、身寄りのなくなった子どもなど、凄惨な児童虐待とは直接関係のない場合も含めてさまざまな事情を抱えた子どもに対応するという役割から考えれば合理的である。しかしそれはあくまで子どもにのみ着目することを前提とした設計であって、親からすれば曖昧な理屈で親子が引き離されかねないので、その意味では受け入れがたい。

親にとって「児童の〇〇」や「福祉侵害」といった概念が特に受け入れがたくなるのは、悪意の通告や児童相談所の事実誤認、親の不利な立場を隠蔽するような働きがあるところだろう。例えば児童相談所が児童虐待の疑いによって調査したものの、どうやら深刻な状況ではないとわかったときに、親の態度が気に食わないとか、根拠は薄いがおかしな親に決まっているから保護してもいいだろうとか、あるいはメンツを守りたい、責められたくないといった理由で、「児童虐待はないが福祉侵害」という線で親子を引き離すことや、また学校や病院が自らの過失を認めたくない場合に親の児童虐待として責任転嫁を図り、児童相談所がそれを鵜呑みにするということも、あえて意地悪く言えばいくらでも起こりうるし、不可能ではない。児童相談所が現にそのような運用をしてきたかどうかはともかく、それが起こりうる制度設計である以上、そしてそのような状況に向き合って修正してこなかった以上、児童相談所と親の対立構造は決着がつかず、禍根を残すような状況は解消されないままである。

学校や病院という閉鎖空間で行われる児童の権利侵害、例えば教師による児童への暴行、いじめ、また病院内でのミスなどについて児童相談所は厳密な調査をするわけではない。児童相談所には警察のような科学的な調査能力を十分に備えているわけではないし、そもそも児童相談所の眼差しは専ら子どもや子どもの養育環境に向けられているので、協力関係を結んで連携をとるべき他機関の問題に関して正面から調査する必然性がない。すると、本当は学校や病院が悪いのかもしれないが、児童相談所としては「いずれにせよ」子どもの安全が確保されていないので、「とりあえず」引き離すという具合で、学校や病院の企図を追認し、共同で防衛的態度をとるような外観をもってしまう。「いずれにせよ」や「とりあえず」で子どもと引き離された親からは、「私が虐待をしていないと児童相談所も認めているのに、どうして子どもが帰ってこないのか」という声が上がる。引き離しそのものに対して法的に児童相談所を責めることにほとんど効果はないが、しかし法運用の現場にある専門機関や専門職は、親に対して児童虐待対応に関する説明を満足に行う必要がある。「とりあえず」で親子を引き離してから支援するという傾向に対しては、児童相談所の側も「支援していく手がかりとしての一時保護という発想もあるが、危機回避のためだけに一時保護をしてしまう中で、その後を見立てていく力が育たなくなってきている」（牧二〇一一：四〇）という危機感がある。

8　現場批判の限界

以上、児童相談所批判の言説について述べてきた。児童相談所と対立する親たちはしばしば「児相問題のモデル」に基づいてさまざまな点から児童相談所の介入の不当性を批判するが、これらは多少なりとも「児童福祉のモデル」や「児童虐待のモデル」に基づく専門職や研究者にも意識されてきたところであるから、必ずしも的外れな、あるいは児童福祉論として無意味なものではないだろう。

専門性が低いとされる職員が児童福祉の第一線を担うことは、介入される家庭の側からすれば不安である。今日期待されている専門性は「支援」というよりは「介入」の条件である児童虐待の事実性に関する調査・判断能力であると思われる。そして児童相談所と親との関係は、さまざまな生活問題や養育問題に対応できる専門職とそのような問題を抱えたクライエントという関係ではなく、統治権力と市民という対峙する関係である。

児童福祉司の専門性に関しても、現場の職員を直接責めても有効ではない。「そんなことは現場に聞くのじゃなくて、むしろ人事課長にでも質問してくれ」（川崎 二〇一〇b：八四）という気分にもなるだろう。

賛否があるだろうがあえていうと、特に児童相談所で働くつもりのなかった人々に対して人事異動でその激務を担わせるのは素朴に考えて無理がある。そもそも医者や警察官、消防士でも弁護士でも自衛官でも、市民の生命や尊厳ある生活を守って社会の福祉と秩序に貢献する業務が、素人のまま人事異動でいきなり任命され、例えば「あなたは四月から消防士となって勤務初日から火の中に飛び込んでね」といって勤まるとは考えられない。国民の生命や生活に関わるような社会的に重要な意義をもつ業務には十分な養成、採用、研修、評価のシステムがあるはずだ。この点からして、家常恵が「医師や弁護士と同様、固有の専門的任務を果たせるワーカーが軽く扱われることは、社会福祉援助技術という学問の理論と実践とを等閑に付すものであろう」（家常 二〇〇五：三二七）というように、児童福祉ひいては社会福祉という業界が現在の日本の価値観としていかに軽く捉えられているか、悲観的に思われてならない。

私たちは、多少耳が痛くとも、児童福祉司の質の議論、おかれている労働環境、向けられている眼差しをきちんと押さえつつ、単に今よりも職員数を増やせばいいという発想ではなく、根本的なところから児童相談所の意義を再考しなければならない。

この点、近年、児童福祉司の国家資格化や子ども家庭福祉に関する専門の相談員など何らかの形で資格の創設が議論されており、[4] 二〇一八年三月に東京都目黒区で五歳女児が虐待死した事件や、二〇一九年一月に千葉県野田市で一〇歳女児が虐待死した事件を受けて、この動きは本格化すると思われる。

しかし、保護機能をどこかに役割移譲した上で支援機能を児童福祉司の専門性として高めていくとか、社会福祉士をアップデートしつつ社会福祉士資格を児童福祉司の要件にするならまだしも、なぜわざわざそのような別の資格を作る必要があるのか。〈児童虐待を防げない→専門性が低い→資格を作る〉というのは、これまで通りの単純な場当たり的、弥縫策的、足し算的な発想である。資格化によって市場を生み、実践現場と教育現場をコントロールしていくのは行政官僚的発想と営利企業的発想の交点にあるようだ。そのような社会福祉の発想は何とかならないものか。新たな資格の創設には手間と時間と費用がかかる上、肝心の児童虐待の防止になぜ繋がるのかが見えない。

注

（1）この事例の情報は当事者団体から得たものであるが、その後他の書籍によっても紹介されている（内海 二〇一三）。

（2）記述の権力に対する親側からの批判は児童相談所と連携する他機関によるものも含む。例えば施設入所や親権に絡んで家庭裁判所調査官が作成する報告書の記述がそれである。家庭裁判所の審判では厳密な証拠調べをする強い義務がないので、調査官は恣意的に児童虐待の物語を構成することも不可能ではない。例えば、子どもの服が汚れていたとか、コンビニのおにぎりを食べているとか、母親が深夜に帰って来てそこから洗濯機を回したといった些細な事柄がいかにも児童虐待（ネグレクト）の構成要素らしく記述されるなどである。専門職には探偵のように些細な事柄から児童虐待の芽を見抜くところに自らの専門性を求めるような意識があるのかもしれない。実際にそれが深刻な児童虐待に至るサインの場合もあるだろう。しかしその厳しい眼差しは親からすれば息苦しいばかりでなく、高度に解釈的であるために不当なものに映ることもある。

（3）　この整理は高橋（二〇〇二）を参照した。

（4）　二〇一五年九月の「社会保障審議会児童部会児童虐待防止対策のあり方に関する専門委員会報告書」（平成二七年八月二八日）には、「児童福祉司の専門性の向上を担保するため、ソーシャルワークに着目した国家資格化を目指した検討が必要。ただし、資格化に至るまでには様々な課題を整理することが必要」とある。以降、社会保障審議会の各グループでしばしば話題に上がっている。二〇一八年一二月の「市町村・都道府県における子ども家庭相談支援体制の強化等に向けたワーキンググループとりまとめ」では子ども家庭福祉に関する公的資格の相談員の創設に言及している。

第3章

変質する親の声

第1章では児童虐待が疑われるケースで想定されている三つのモデルとその関係について以下のように述べた。児童相談所は基本的に子どもの養育に関する「支援」を行う機関であると考える「児童福祉のモデル」に依拠しており、親子の引き離しを含む「介入」を推奨する「児童虐待のモデル」はあくまでその内部にある手段的なものであったが、今日では「児童虐待のモデル」が前面化し、帰結として児童相談所の強権性に対する批判的視点をもつ「児相問題のモデル」による言説・運動が生じることになった。

第2章では「児相問題のモデル」に基づく言説について整理しつつ、それが「児童福祉のモデル」や「児童虐待のモデル」に基づく専門職や研究者にも少なからず意識されてきたところであり、必ずしも的外れな、あるいは児童福祉として無意味な指摘ではないと述べた。

しかし「児相問題」の言説が訴えるようなことは、一部の専門職や研究者が想定してきたところであっても、児童福祉論ないし社会福祉学における議論として、政策レベルで正面から再考を行うような展開は困難であった。それは児童福祉論ないし社会福祉学という学問領域そのものの性質に関わっており、かえってこのことから社会福祉学という研究コミュニティの性格を照射できそうなほどである。

本章では児童福祉論ないし社会福祉学の性質に言及しつつ、「児相問題」の受け止めや児童虐待対応の抜本的な変革に関する議論が困難な状況について考察する。

1　児童福祉論ないし社会福祉学への批判

児童福祉論ないし社会福祉学における児童虐待対応の抜本的な変革に関する議論への消極性、鈍重さについては、かなりポリティカルな内容を含めてこの学界の内外から指摘されてきた。

それらの議論は、児童相談所の具体的な対応に関する意見や価値観はさまざまだが、児童虐待をめぐる社会福祉学の動向について、社会構造的理解として学界やこれと関わる行政機関、社会福祉法人などの福祉系コミュニティをも対象化し、視野に含め、批判的に議論している。例えば一九九〇年代に起こった社会福祉学者津崎哲雄の論文をめぐる一連の論争がそれであるし[1]、上野加代子の『児童虐待の社会学』（世界思想社、一九九六年）を嚆矢とする社会構築主義の着想からなされる一連の議論[2]、また今日ではより直接的に児童相談所や学界の問題を指摘する水岡不二雄らの「児相問題」の議論がそれである[3]。

これらの議論をどのように受け止め、反応するかは、ムラ社会的、たこつぼ的といわれるわが国のアカデミズムにあって、また特に長らく固有性や水準が問われてきた社会福祉学にあって、研究者としての度量を問うものである。しかしながら、これらの批判的な議論はポリティカルであることや研究コミュニティの風土の如何とはひとまず別に、児童福祉論ないし社会福祉学の講学上、俎上に乗りにくい性質のものであると考えられる。

２　親支援における親イメージ

まず、児童福祉論の基本的態度を示すものとして親支援における親イメージについて考える。親支援とは、端的にいえば親に子どもの養育上の支援を行うことをいう。児童福祉の体系上、子育て支援、健全育成、非行や障害児施策、社会的養護、保育などさまざまにあるが、今日では児童虐待に関する議論が広範化、液状化し、児童福祉論全般に浸透するにつれて、児童虐待予防や対応の文脈における親支援もまたあらゆる政策・援助に関係するものとなっている。

「親支援」を必要とする親のイメージに関しては類型論が多くあり、それゆえにかえって掴みにくいところもあるが、概ね次のようなものである。すなわち、過去の被虐待体験、貧困、孤立といった何らかの生きづらさを抱えているために子どもの養育機能が低下し、児童虐待をしてしまったか、あるいはしかねない状態にあり、養育機能の回復のための支援を必要としている親である。この親イメージをいくつかに分節して説明する。

児童虐待をしたか、しかねない親

「親支援」が必要とされる場合において親はすでに児童虐待をしているか、あるいはしかねない存在であると観念される。児童虐待をしかねない親のイメージは、児童虐待を実際に行う親に関する知識やイメージから得られるものであり、つまり両者のイメージは一続きである。児童虐待を行う親のイメージは、その主張や行動面に着目したとき、次の六つに大別できる。[4]

①　日常的に児童虐待があるわけではないが、突然カッとなって児童虐待を起こしてしまう衝動性のある親

② 自分の行動が児童虐待だとわかっているが、何度もくり返してしまうアディクション性のある親
③ 子どもが悪いことをするからこっちも困っているのだと主張する責任転嫁傾向のある親
④ 正しい躾の仕方であるから現在の関わり方を変える必要がないと主張する確信犯的な親
⑤ 自然な躾であり、本当に何とも思っておらず、気づいたら子どもがこうなっていたと述べる無自覚、無感覚な親
⑥ 妄想にとらわれ、子どもが悪魔に取り憑かれたとか、自分に災いをもたらそうとしているなど、何らかの精神科領域の問題を抱えた親

この分類は便宜的なもので重複があるだろう。例えば、子どもが悪いことをしたときに叩くことは正しい躾だと確信しているが叱り方や愛し方がわからずにやり過ぎたり嗜癖になりつつあったりして悩んでいるという場合もある。しかしこうしてみると、児童虐待をしたか、しかねない親のイメージとはかなり広範であることがわかる。なぜ親が子どもを虐待するのかはこれまで専門職や研究者においてかなり関心事になってきたし、深く検討されてきたからこそここまで広範で多くの言説が蓄積されてきた。

一方で、広範で多くの言説が蓄積されてきたからこそ、当てはめる上での漏れ目が少なくなり、前章で述べたリスク要因や「いつも確実に」安全を確認できない家庭などと同様に、非常に多くの親をこのどれかに位置づけることができる。当然のことだが児童虐待を行う親イメージの類型化とは、類型化しようとする時点で児童虐待を行っている親イメージが描かれていることが前提とされている。実際のケースにおいて、子どもになんらかの罰を与えたことのある親のほとんどはこの①から⑥のどれかにあてはまるか、あてはめることができるのではないか。

養育機能としての親

児童虐待が疑われるケースにおける親のイメージはえてしてネガティヴなものになるが、「児童の最善の利益」の観点から「児童の福祉」を保障するという理念からいって、親は子どもの養育にとって極めて重要な意味をもつ存在である。たとえ親が子どもに虐待をしたとしても、またしかねないとしても、それでも親は多くの場合子どもから必要とされ、その養育を担いうる高い可能性をもった重要な存在である。

ただしそれは、子どもの養育環境、養育機能の回復と維持が第一に目指され、親があくまでその機能として観念されるという限りで、児童相談所が積極的に関わるべき対象であるという意味である。

養育上の支援を必要とする親

子どもの養育機能として重要であるということを前提にして、またすでに児童虐待をしたか、しかねないということを前提として、親は支援を必要とする存在として観念される。

山本恒雄は「親支援」を必要とする親を四つに分類している（山本恒二〇一三）。

① すでに何らかの児童虐待や不適切養育が発生しているケースにおける養育機能の修復、問題改善のための「支援」の対象者としての親

② まだ児童虐待等が発生していないが放置しておくと発生のおそれがあるため予防として「支援」の対象者となる親

③ 現状では児童虐待等は発生しそうにないとみられるが、自ら心配があるとして「支援」を求めている親

④ 児童虐待等の問題は認められないが、一般的な育児相談、心身のメンタルヘルスケアの向上のための情報提供や制度紹介などの対象者となる親

近年では予防的観点が重視され、①②のみならず③④も重視されつつある。

「親支援」の中心的な担い手の一つに児童相談所がある。児童虐待をしていないと確信している親からすれば、子どもを引き離す権限をもつ児童相談所がその親を「支援」するというのは解せないものがある。逆にいえば児童相談所は一方で親から子どもを引き離して恨まれながら、もう一方でその親を「支援」しなければならない立場にある。いわば右手で殴りながら左手で握手を求めるようなものである。児童相談所が「支援」だなんて欺瞞だ、という気持ちもわからないでもない。しかし児童相談所はそもそも「支援」のほうが本業である。

児童虐待をしてしまう、あるいはしてしまいかねない状態にあって「親支援」を求めているような親はさまざまな生活問題を抱えている。子どもの養育に関する相談相手や支援者が身近にいない状況、経済的な状況、就労状況、自分の親との軋轢、夫婦関係や性愛関係、特殊な教育理念、子どもがもつ育てづらさ、自分の感情を子どもに向ける以外に処理することができない弱さなど、さまざまな問題の結節点として児童虐待が観念される。「支援」という問題解決マインドにおいては、固く結ばれた紐を丁寧にほどくようにその諸要素たる諸問題に応答していかなければならず、そのためにさまざまな機関が連携して展開していく。

「親支援」というと、マイツリー・ペアレンツ・プログラム、コモンセンス・ペアレンティング、サインズ・オブ・セーフティなどの構造化された実践（親支援プログラム、教育プログラム、当事者参画プログラムなどと呼ばれる。児童虐待関係では例えば、佐々木・田中 二〇一六、鶴岡 二〇一五、千賀 二〇一三、西澤 二〇一三、木全 二〇一三、徳永 二〇〇七を参照）や、あるいは加害者治療（例えば、斎藤 二〇〇〇を参照）を指して議論される傾向にある。

しかし「親支援」も「家族再統合」と同様に、子どもや家族の支援過程全体に関わる概念として、経済的支援も含めてより広義で総合的に捉えられなければならない。この点、山野良一は以下のように指摘している。

生活環境の改善をなさなければ、そうしたカウンセリングにも現実的に参加できないし、参加できても効果的な成果をもたらすことは難しいのではないか。ところが、児童虐待の専門家たちの文献においては、経済的な要因を原因のひとつとして加えながらも、解決方法になると踵を返したかのように心理的なプログラムだけになってしまう。現在注目されている家族再統合にしても同様である（山野 二〇〇六b：八六）。

児童虐待が社会問題として深刻化するにつれて「児童福祉のモデル」は「児童虐待のモデル」に、ケースワークは介入的ケースワークに、前者では不十分で不適切であるから後者が望ましいとして乗り越えられたかのように変化してきた。その結果「親支援」は介入とワンセットで家族再統合を行うためという文脈で観念できるようになった。しかし親支援というのは実際には親子引き離しや家族再統合という文脈に限らず、児童福祉を一貫して求められるものである。したがって親支援の担い手は、児童相談所内部の児童福祉司や児童心理司に限られない。生活保護のケースワーカー、保健師、主任児童委員、民生委員、保育所や幼稚園、学校、学童保育職員その他さまざまな子育て関係機関・組織の職員がその機能を担っている。これが分業ないしネットワーク化されることで親にとって孤立防止や治療、相談援助的意味をもつ。それは児童虐待の発見者・通告者の監視ネットワークとして観念できるが、同時に親支援が可能な者のネットワークとしても観念できる（ただ、警察は児童虐待の発見・通告・介入の機能はあっても親支援機能は薄い）。今日では、親支援の視野は児童虐待の発見・通告の奨励と表裏一体として広いものとなっている。

養育上の支援を必要としている親とは当然ながら子どもの養育上の困難を抱えている親である。専門職からすれば、そのような親は攻撃的態度、権利意識の強調、逆に従順性や諦念、疲弊感など、弱者が見せるような姿からほど遠い複雑な態度を示すものの、何らかの〈被害者〉の側面を有していると理解できる（金井 二〇一一）。支援を必要とする人々の生活問題の背景には社会的不正義というべき何らかの社会構造上の問題や歴史的文化的問題があり、したがって支援を必要とする人々をその意味での〈被害者〉であるとみなすのは、確かに社会福祉学の伝統的思考である。

この〈被害者〉には、主に次の二つがある。

①　児童虐待の世代連鎖の文脈で、過去に児童虐待を受け、なおもその影響下にある存在という、いわば成育環境の〈被害者〉

②　経済的困窮や社会的孤立の文脈で、経済的・社会的弱者として扱われる、いわば社会環境の〈被害者〉

①が心理学的・精神医学的問題として児童虐待を捉えたときに描かれる親の像であるのに対して、②は経済的・社会的問題として児童虐待を捉えたときに描かれる親の像である。②では社会保障や種々の福祉サービスへのアクセスが困難な親の追いこまれた状況が強調される。ここでは専ら心理学的・精神医学的問題として「構築」されてきた児童虐待の社会問題化の仕方に批判的な社会学的見方であり、児童虐待の経済的社会的な問題性を強調してきた上野加代子の議論（例えば、上野・吉田 二〇一一、上野 二〇一〇b、上野 二〇〇七、上野 二〇〇四）や、児童虐待を貧困問題と接合しないように構築してきたアメリカでの議論のあり方に対するハッキングの指摘（Hacking 1999 = 2006）などがそれである。近年話題になっている子どもの貧困の議論も児童虐待リスクとの関係で論じられており（例えば、松本 二〇一三）、この経済的・社会的意味での親の〈被害者〉性は代表的といえる。

この①と②の関係は児童虐待の発生傾向の理解における「階層遍在説」と「階層偏在説」という区別に親和的である。①は親自身が過去に受けた児童虐待の〈被害者〉であるという心理学的・精神医学的視点に基づくものである。これに加えて、過去の児童虐待とは関係なくとも何らかの精神疾患や障害を抱えていることによって児童虐待に至る場合も心理学的・精神医学的問題であり、合わせて児童虐待の「階層遍在説」を想定する。つまり児童虐待が心理学的・精神医学的問題に起因する以上、社会階層に関係なく均等に誰にでも起こり得るので、全人口に対策の網をかけるべきだという立場である。②は経済的困窮のみでなく、社会的排除、またいわゆる無縁社会の文脈をもった（山野二〇一一)、広い意味での貧困である。この立場では、児童虐待の発生は家庭の社会階層、暮らし向きと相関性がある「階層偏在説」をとるので、貧困等のデータをもとに経済的社会的視点からの対策こそを講じるべきだという立場である。

「階層遍在説」と「階層偏在説」は対立する説のようにも思われるが、それはあくまで現象理解に関することであり、児童虐待対策における予算配分の議論など具体的なテーマを除けば両者はそれほど対立して語られる必要のないものである。心理的、精神的ケアという資源も必要であるし、貧困対策も必要である。児童虐待が疑われるケースにおける親の像は①と②が混在あるいは相互に連関した上で観念される場合が多く、むしろ混在してはじめて親の典型として理解されている。

〈被害者〉としての親という像は、支援者である児童相談所に対してある種の自戒と救済、断罪と免罪の両方を与える複雑なものであると思われる。例えば小林美智子は以下のように述べている。少し長いが引用する。

> 発覚時にはすでにその育児が手に余り人生の失敗感・敗北感の中にいて、発覚と初期対応はそれを駄目押しし、支援を受けることにも無力感や恐怖を感じ、分離後は関係者に抗いながらもわが子との関係回復を模索し続け、努力したが実を結ばないために結局は親であることから撤退していく(子どもへの関心を無くすことや発病や自殺等)ことが少なくないようにみえる。つまり、被虐待歴のために自尊感情や基本的信頼感の乏しい親が、生きるためにしがみついてきた小さい自尊感情や基本的信頼感を削ぐことを、われわれがしている可能性がある……(中略)……多くの親は、子ども時代に痛みや飢えや悲しさにひとりで耐え、それを避けることや親の愛を得るために全能力を絞り続け、その結果で学力不振や友人がいない学校時代をすごし、大人になると就職難が続いて社会的立場が下がり続け、わかりあえる人は同じような境遇で生きてきた仲間しかおらず、親に愛されて育ち恵まれた生活をしている人とは馴染めずに距離を置いて、生きてきた。今の生活は、経済困窮や夫婦間葛藤や育児負担があり、実親や姑舅や近しい人との葛藤の渦中にいることが多く、ストレスいっぱいである。

それは、自身の人生を絶望することが当然であるほどに重い（小林 二〇一二：二九一－二九二）。

なんと哀れな人生を送ってきた人間として親を観念しているのかと些か危なっかしい気もするが、①②の問題を抱えているある種の〈被害者〉性をもった親イメージがある。[5]

児童相談所はそのような文脈を自覚した上で、「親支援」として親が抱えているであろう生きづらさや弱さを受け止めつつ、敬意をもって「支援」していく姿勢が要求されている。この点、小林の言葉が重要であるので引用しておく。

何年か前の日本小児科学会の、養育に問題のある親への支援に関する国際シンポジウムで、シンポジストが努めていることとして、「親に尊敬の念を持って、背景を理解しようと努めて、ゆっくりと時間をかけて話を聴くこと」と全員が述べた。その後の筆者は、座右の詞としてきた（小林 二〇一二：二九三）。

児童相談所の親支援は親との関わり全般を通して「児童福祉のモデル」に基づいて受容、共感、傾聴をベースになされるものであり、基本的にケアの発想に基づくものである。親の成育歴や現在の経済的社会的状況がどうであろうが、ひとまず丁寧に個別にみていくのである。しかしながら、これに対するわが国の世論ないし社会的要請としての親への眼差し、児童相談所への期待は、まことに厳しいものである。今やわが国の親たちは、常に子どもの安全が確保されているわけではない、親の成育歴や現状がモデルケース的でない、雰囲気がどこか普通でないということで、児童虐待をしかねない存在とみなされる。また児童相談所も親たちをそのようにみなすよう求められている。そして早期に介入することを迫られている。

ここで、児童虐待が疑われるケースにおける親について、筆者がもうひとつ〈被害者〉イメージを加えるとすれば以下である。

③　常に児童虐待をしかねない存在として厳しく見られ、正常な親であることの規範が高度に強められた時代社会の風潮の〈被害者〉

これは養育上の支援を必要とする親イメージと表裏一体であり、監視社会的であるゆえに支援を行う側にもジレンマとして意識されているところである。

もし「叩くことは虐待です」と確定し、それが一人歩きすれば、たまたま親が子どもの頭を叩いたのを見つけた第三者が児童通告に及び、親が虐待者とされるような、警察国家的怖さを感じることになるかもしれない……（中略）……「泣き声通告」によって、そのうち１００件に一件でも虐待事例があればその子どもを救えるということから、残りの99件を嫌な思いにさせたり、泣くのが当たり前の幼子を抱えた保護者を通告されたりはしないかと不安にさせているのも、似たような構図であろう。本来、子育ての主導権は保護者が自信をもって握るべきなのに、保護者たちは世の中からその自信を奪われ、主導権を取られているように見える（川畑 二〇一五：六〇五）。

児童虐待を疑われた親からしてみれば、児童相談所の関わり方が「支援」であるとは必ずしも感じられない。むしろ自身の養育能力が低いとみなされ、その要因や背景として自身が過去に受けた虐待だとか、貧困や孤立があるなどとみなされるのは心外であろう。

また専門職や研究者からすれば「支援」を必要とする親のイメージは児童虐待の「リスク」のある親のイメージに重なっている。しかし第2章で述べたように、児童虐待の「リスク」という専門職や研究者の眼差しが「偏見」という眼差しとなり、親にスティグマを与えることもある。

3　社会福祉学と児童福祉の領分

「親支援」は、親の尊厳を守り、傾聴し寄り添いながら支援を行っていくアイディアであるが、ときに、かえって親の声を遮り、その尊厳を損ねる結果を招きかねない。

この問題について、社会福祉学および児童福祉論の課題として以下に考察する。

社会福祉学と〇〇福祉論

児童福祉論は社会福祉学の各論という位置づけをもっており、社会福祉学という基盤をもち、またその制約を受けている。

社会福祉学では、「社会福祉とは何か」をめぐって一九五〇年代から続いたいわゆる社会福祉本質論争の過程で、〈目的概念としての社会福祉〉と〈実体概念としての社会福祉〉という分類が登場した（竹中 一九五六、一番ヶ瀬 一九七五）。〈目的概念としての社会福祉〉は、「社会のしあわせ」や「社会全体の幸福」など「行為あるいは制度・政策の目的概念として、また形而上的な意味あるいは当為概念」を指すものであり、〈実体概念としての社会福祉〉は「行為あるいは制度・政策それ自体すなわち現実に存在する実体概念」である（一番ヶ瀬 一九七五：一）。この両者は目的と手段の関係にある。そのうち学界で着目するべき「社会福祉」とはどちらかといえば〈実体概念としての社会福祉〉にあるとされた。今日の「社会福祉」の観念もその延長にある。つまり社会福祉とは、何らかの制度・政策・サービス体系といった実体ないしその範疇における援助等の実体的営為を指す。

さらに社会福祉学という学問が社会福祉を〈実体概念としての社会福祉〉として捉えたとき、その存立基盤を日本国憲法第二五条の生存権規定に求めたのであって、児童福祉論、高齢者福祉論、障害者福祉論といった対象別の各論領域もまたこの上に成り立っている。学問領域の分節化とともにその目的も各論ごとに分節されている。

子ども家庭福祉の理念は、子どものウェルビーイングを保障することにほかならない。わが国の社会福祉の基本理念は日本国憲法に立脚しており、児童福祉法も例外ではない（才村 二〇〇九：三）。

つまり児童福祉論とは、社会福祉学と同じく日本国憲法第二五条の生存権という社会権規定を根拠にしつつ、子どものウェルビーイング＝「児童の福祉」を保障するための政策、援助のあり方を議論するものといえる。

このような学問領域の設定そのものが問題とまでは言わないが、しかしこのような領域の設定によって視野狭窄が生じかねないという点には注意が必要である。すなわち各論である児童福祉論が――その学問領域の名称からして当然であるとしても――あっさりと自らの目的が「児童の福祉」にあるといい切ってしまうときの、その視界である。

そもそも「親支援」というと、親の何かを目的とする支援のように思われるが、それは少なくとも第一義的な目的ではない。あくまで社会福祉学の関心はより弱者であるとみなされる子どもにある。社会福祉学の各論のなかでも児童福祉は（戦後の児童福祉法の制定も他の領域に比べて早かったことにも表れているが）特に関心が高く、学問領域として伝統的であり、また前時代的なイエ観念への抵抗感からか、子どもの権利と親の権利を対立的に捉える向きがある。児童虐待が疑われるケースにおいて親が「親支援」の対象としてイメージされるとき、その親は自由権を基本とする〝人権〟を持つ市民としての性格がいくらか希薄化されている。このとき親は、子どもの養育機能を担う義務を負っており、またその義務を全うするために専門職による社会権的な社会福祉サービスをニーズとしており、〝権利擁護〟に注意を払われながらも積極的に支援される必要のある存在である。

もちろん実際に現場で親子を支援している専門職は決して親を「育てる機械」の如く観念しているのではなく、一人の人間として尊重して関わっているだろう。しかし現場感覚としてそうであっても、児童福祉の前提にある根本的な図式において、親とは彼彼女自身が目的たる存在ではない。あくまで子どものために（第一義）、親を支援する必要がある（第二義）にすぎない。それが直ちに不当だというわけではない。これは何も児童相談所に限ったことではなく、社会福祉にせよ教育にせよ、いわゆる対人援助にはよくあることとして、社会的役割上、声を聞き入れるべき人間には優先順位があるということだ。

社会福祉学の人権観

社会福祉学という学問領域は、その中核的な価値として第一に〝人間の尊厳〟の保持があり、その保障のために諸々の〝人権〟を観念する。社会福祉学にとって人権とは極めて重要な概念である。そしてその理念を実体化したものとして日本国憲法第二五条に言及し依拠してきた。これは小川政亮『権利としての社会保障』（一九六四年、勁草書房）の議論を基調とするものであるが、生存権という社会権規定を基盤として人権を捉える社会福祉学の人権観は些か特殊でもある。

しかしながら政府＝統治権力を必要悪としてではなく必要善として観念してきたこの人権観は、戦後日本人の一般的な人権観に適合的であり、それが社会福祉学における人権論の一つの特色でもあるといえる（篠原二〇一七）。この特色は自由権を基本とする伝統的な人権論の発想とは異なるものである。そこで専門職とは「必要善」としての政府＝統治権力のエージェントであり、社会権の保障としての諸々の児童福祉サービスを市民に提供する者である。

規範的、価値的なマインドと切り離せない社会福祉学の思考において、社会権中心の人権観の上に「子ども」という聖性を帯びた価値が上乗せされるとき、翻って、政府＝統治権力たる児童相談所と対立し、子どもの利益と対立すると考えられる親の自由権的人権は（必ずしもそのように対立するものでもないのだが）、縮減されることになる。

援助技術論への傾斜

専門職や研究者は「児相問題」の言説が訴えるようなまずい事態に対しては、児童相談所が市民の諸自由を侵害しているという市民的政治的関心よりも、個別ケースにおける支援の失敗例として援助論的、ハウツー的関心で捉えて反省する傾向にある。

そもそも今日の社会福祉学ないし児童福祉論の研究者の多くは、研究としては援助技術論というべきミクロ視点を好んでいる。学界で社会福祉原論が衰退し、当事者や専門職に向けた社会調査や実践報告のような議論が流行している。また社会福祉学には現場主義の傾向が非常に強い。ある社会福祉学のテキストでは次のように説明されている。

> 社会福祉研究は、社会福祉の「現場」を重視する。社会福祉研究の特徴は、「現場」で生じているさまざまな事象を取り上げ、それを整理・解釈し、その矛盾・問題点を明らかにし、評価・予測し、問題解決の方向を示唆することにある。現場からの発信という視点があることが、社会福祉研究の特徴の１つである。……（中略）……社会福祉の研究は現場を重視し、実践に役立つことを目的とするという特徴がある（岩田・小林・中谷二〇〇六：二〇－二一）

現場主義とは換言すれば現場専門職主義であり、これは援助論を重視する文脈である。[6] そのような専門職や研究者で構成される社会福祉学にとって、「児相問題」が訴えるような事態における規範的なレベルでの落ち度とは、第一には（バイスティック七原則からの逸脱、援助過程で注意するべき〝権利擁護〟の不十分といった）支援の不適切さである。それらは反省の対象となるが、あくまで援助技術＝アートの未熟さに対する反省であって、公正さの欠如といった何らかの社会的不正義としての反省という意味は弱い。

こうして、児童虐待が疑われるケースにおいて、すでに児童虐待をしたか、しかねないような親に対する「支援」が必要であるという認識には至っても、「親支援」という概念には（そもそもその呼び名からして）、さまざまな問題を援助技術へと傾斜あるいは収斂させる回路が組まれている。

貧困・孤立に関する議論への傾斜

児童虐待が疑われるケースにおいて親支援が親の声を遮る機能をもちかねないのは、今日の社会福祉学および児童福祉論が援助論に傾斜していることに加えて、政策論的視点においてもこれを家庭の貧困や親の孤立の問題に引き寄せて捉える向きが強いことも関わっている。貧困は社会福祉学の伝統的なテーマであり、先述した「階層偏在説」や社会環境の〈被害者〉という見方は社会福祉学に親和的である。

社会福祉学における政策的議論の規範性の源泉は日本国憲法第二五条の生存権規定であるから、種々の社会問題は貧困・孤立という社会権的発想へと誘導される。また今日では社会福祉の対象となる諸々の問題はニードとして理解される。したがって児童虐待が疑われるケースにおいて児童相談所と対立する親の声も何らかのニードとして理解されることになる（児島・平塚 二〇一五）。しかしニードとして捉えても、援助論的なニードとされる上、また政策的に捉えてもつまるところ貧困や孤立への対応が親のニードだとみなされる。

社会福祉の目的

児童虐待が疑われるケースにおける親支援の議論は、援助論に収斂するか、たとえ政策論的視点にたっても貧困・孤立への対応といった議論に向かう。社会福祉学という学問領域は伝統的に「貧困」や「子ども」に並々ならぬ関心を寄せてきた上、この学問領域のたてつけ自体、必要善としての政府＝統治権力の作為を求める社会権的人権によって社会福祉が導出されるという規範性に拠っている。

こうした要因から、社会福祉学という立場では児童虐待が疑われるケースにおける親の権利に接近する議論が非常に発展しにくい。今更それ自体がおかしいというつもりはない。おそらくこれこそが今日の社会福祉学の特性なのだ。


ただしその特性を認めながらも、講学的かつ社会改良的な課題を見いだすなら、それはまずもって社会福祉学が〈実体概念としての社会福祉〉、つまり社会福祉を何らかの制度・政策・サービス体系と限定して近視眼的に考えている点である。これをすべての人のウェルビーイングの保障という〈目的概念としての社会福祉〉に照らしながら修正していく必要がある。なぜなら応用・学際領域としての社会福祉学は〈目的概念としての社会福祉〉のために諸学の知見を援用しつつ〈実体概念としての社会福祉〉に関して研究を蓄積させてきた学問だからだ。

近年の社会福祉学は応用学問の陥りがちな問題である「目的の転移」（藤井 二〇一二）というべき状況に陥っている。「目的の転移」とはある学問の目的に対する手段的な方策として構築される研究領域が体系化を進めた結果、上位にあるはずの目的のみでなくその手段的な領域もまた目的化するために、上位の目的意識がぼやけて視野狭窄に陥ることである。

社会福祉学は、究極的には「特定の」でも「全体の」でもなく「全員の」幸福追求のための諸条件が確保される社会を目指すものである。にもかかわらずそこで貧困者、障害者、子ども、高齢者、女性、外国人といった何らかの社会的弱者、マイノリティとされるカテゴリに着目してきたのは、そこに属する人々がこの社会のメンバーとして軽視されやすい人々だからであり、社会の仕組みがそうさせているからである。そのために社会福祉学は、障害者福祉論、児童福祉論、高齢者福祉論といった各論分野を構成してきたのである。さらにいうと、あらゆる各論分野を社会福祉学に包摂し、あらゆる分野が対象とする人々をこの社会に包摂するために、人権のような普遍的とみなされる概念を重視してきたのである。

社会福祉学の立場からいって、例えば子どもが「児童の最善の利益」や「児童の福祉」といわれる理念を追求し実現しなければならないというのはその通りである。そして政策レベルにおいてこれらの理念的な語彙が各々のカテゴリにおいて権利の言語としてふさわしく再構成され、実定法化されていくべきであるというのもわかる。また援助レベルにおいて、児童相談所などの専門機関は公的責任としてその実務を担わなければならないというのもわかる。社会福祉学が、この児童相談所の活動に資することが一つの各論のあり方として学問的目的に適っていると考えるのもわかる。しかしながら、社会福祉学が専ら児童相談所などの専門機関ないし専門職の活動ばかりに関心を向けていればそれでいいというのなら、それは誤りである。それは手段の自己目的化であり「目的の転移」である。

三島亜紀子はタブーのない社会学に対して社会福祉学には疑うべきではない聖域があると述べている（三島二〇〇七ａ）。社会福祉学や児童福祉論者らの守ろうとする「聖域」が、聖性を帯びた「子どもの○○」という理念であるにせよ、福祉系の専門職なら統治権力であっても悪さをしないという信頼であるにせよ、ある手段のためにより大きな目的を後景化してはならない。

ソーシャルワークの価値は人権と社会正義を二本柱とする。人権についてはすでに言及したが、社会正義とは何だろうか。専門職や研究者のなかには親の像を社会福祉学のフィルターで見るためにいくらか単純化しているおそれがある。児童相談所と対立する親は子どもを奪われたという感覚や虐待親というラベリングを受けたことに対する憤りから児童相談所を攻撃するという言説もみられるが、必ずしもそれだけではない。親たちは多かれ少なかれ、児童相談所の介入に不正義を覚えて批判しているのである。

この不正義の感覚を、社会福祉学においては、統治権力対市民における社会的不正義という文脈ではなく、貧困や排除の被害者という社会的不正義に読み替える。また児童相談所の介入の不当性を市民的政治的問題ではなく援助技術の問題に読み替える。それによって親の声をかき消してしまうことに、本当は自覚的であるが、その自覚もまた受容と傾聴という援助技術的な言説に回収され、消化される。

注

（1）当時の論争については、津崎（一九九二）、津崎（一九九三a）、津崎（一九九三b）、竹中（一九九三）、木下（一九九三）、神田（一九九三）、長谷川（一九九四）、津崎（一九九四）、竹中（一九九五）、津崎（一九九五）を参照。

（2）例えば、上野（一九九八）、上野（一九九九）、上野・野村（二〇〇三）、上野（二〇〇八）、内田（二〇〇九）、グッドマン（二〇一三）、上野（二〇一三）など。

（3）例えば、水岡（二〇一四）、南出・水岡（二〇一六）。

（4）この分類は、玉井（二〇〇一）、安部（二〇〇二）、飯田（二〇〇五）、信田（二〇〇八）を参照。また例えば精神保健福祉の観点を強調する分類など（徳永 二〇〇七）、視点を変えれば違った分類も可能であろう。

（5）「親であることから撤退していく」という出来事は、一方では専門職による「親支援」の困難をめぐる課題があるとして、専門職に改善を求める叱咤の意味をもつ。しかしもう一方では、親たちがそのような状況に追い込まれていることの本質的な原因はあくまで親の生い立ちや経済的・社会的環境にあるとし、その上でそれを適切に「支援」できなかったという意味で児童相談所も反省しなければならないとして、咎めの項目を限定する。

（6）上記の引用元のテキストでは一応、何らかの形で実務から一定の距離を置いて研究を行うことは必要であろう、とも書かれているが、このようなことをあえて記述しなければならないほど社会福祉学と現場は融合的である。なおこのテキストによると福祉の仕事をしながら研究活動をする「兼業学生」と実務経験を持たない「専業学生」とでは問題解決的な議論において「兼業学生」の発言力が強くなる傾向にあるとまでいっている。

第4章 児童相談所の権限行使に対する抑止力確保の必要性

第4章、第5章では、これまで述べてきた親と児童相談所の対立を念頭におきつつ、社会福祉学の立場から可能な対応について考える。まず本章では規範的な視点から、親と児童相談所の権利レベルでの対立関係があるなかで「児童の最善の利益」を確保するための制度について、特に親子の引き離し前の司法審査の必要性に着目して考察する。

1　司法審査の必要性

児童虐待が疑われるケースに児童相談所が対応する過程において、場合によっては一時保護や施設入所等に係る家庭裁判所（以下、家裁）への審判の申し立てに基づく親子引き離しの措置がとられるが、これらは子どもの諸自由を統治権力が制限するものであるために慎重かつ例外的な手段として位置づけなければならないところである。しかしながら、被虐待児童を保護できなかった場合にマスコミ報道や世論の批判が児童相談所に集中することもあり、現場はもとよりアカデミズムにおいても児童保護の実効性に関心が向かいがちである。実際そのような論調を反映して法改正がなされてきたところである。こと児童虐待に関する議論や実践現場では原則と例外の転倒が起こっているといえる。

本章では国内の法律よりも上位の法規範に位置づけられる国際人権法、とりわけ子どもの人権を包括的に保障する趣旨のConvention on the Rights of the Child（以下、CRC＝政府訳「児童の権利に関する条約」）を参照することで、親子引き離しの段を根拠付ける児童福祉法第三三条（一時保護）及び第二八条（施設入所等についての家裁への審判の申し立て）について、子どもの人権への配慮の上でどのような不備を抱えているのかを指摘する。[1]具体的には、統治権力による親子引き離しを原則禁止しているArticle 9.1に着目し、これの解釈・評価に関する先行研究の検討を行いつつ、特に近年関心が高まっている司法介入の議論との関わりが深いjudicial review（＝「司法の審査」ないし「司法審査」）の文言について考察し、わが国の現行制度に照らして考察・評価・提言する。

親子引き離しの原則禁止というわば「歯止め」的役割を持つArticle 9.1については、単に条文としての概説と意義の説明に留まるものが多く、文理・趣旨の観点から児相による親子引き離しについて詳細に検討しているものは少ない。Article 9.1は親子引き離しの「歯止め」というよりは、むしろ積極的に親子引き離しを行うにあたっての条件を規定した規範として参照されてきた向きが強い。最近の議論においても、例えば吉田恒雄は「……介入し、司法手続きにもとづき、親子分離をすることができる（9条1項）」（吉田 二〇一四：二五一）と述べており、このようにArticle 9.1を親子引き離しの授権規定のように捉えてきた論調があったことは否めない。Article 9.1の文理としては授権規定というよりは禁止規定の意味が強いはずである。山本恒雄が「国内法となった『子どもの権利条約第9条および第19条』の規定の読み取りに関する重要な課題があったのだが、児童相談所はこれらの観点についての充分な議論抜きに実務に突入していった」（山本 二〇一四：二五七）と述べているように、今日Article 9.1は禁止規定としての意義を問われている。

もっとも、親子引き離しに関する国内法の整備が重要事項であるにもかかわらず不十分であるとした上で、手続きを法律等でいっそう明確化すべきであるという程度の指摘は二〇年以上前よりなされていた（石井 一九九一、岩崎 一九九二、永井・寺脇 一九九四、許斐 一九九六b）。しかし今日においても児童相談所の親子引き離しの手続きは Article 9.1 の条件を十分に満たしているとする見方がある一方で（波多野 二〇〇五）、逆に Article 9.1 に違反しているとの見方や（水岡 二〇一四、川崎 二〇一四）、少なくとも親子の権利擁護の点から問題点が大きいという見方がなされており（久保健 二〇一四）、いまだ論争的な議題であるといえる。

本章ではまず Article 9.1 の記述上の曖昧さや不明点を指摘し、客観的解釈に加え主観的解釈及び目的論解釈を含めて総合的に考察する必要性を指摘する（2）。次に judicial review の語義を確認した後、これに重要な影響を与えたアメリカの一九八一年案および一九八二年案について考察し（3）、わが国の judicial review とされている二八条審判の現状に照らし、その問題点を指摘する（4）。その後 judicial review が親子引き離しの手続のどの段階でなされるべきかを考察する（5）。最後に本章のまとめとして、あらためて Article 9.1 の趣旨を強調し、国内法においてその趣旨を実現するような統治権力のあり方を構築していく必要性を述べる（6）。

2　Article 9.1 の論点

Article 9.1 とは[2]

CRCの Article 9.1 の記述は以下である。ただし下線は引用者による。

Article 9.1

States Parties shall ensure that a child shall not be separated from his or her parents against their will, except when competent authorities subject to judicial review determine, in accordance with applicable law and procedures, that such separation is necessary for the best interests of the child. Such determination may be necessary in a particular case such as one involving abuse or neglect of the child by the parents, or one where the parents are living separately and a decision must be made as to the child's place of residence.

これに対する政府訳（外務省）を以下に示す。ただし下線は引用者による。

1　締約国は、児童がその父母の意思に反してその父母から分離されないことを確保する。ただし、権限のある当局が司法の審査に従うことを条件として適用のある法律及び手続に従いその分離が児童の最善の利益のために必要であると決定する場合は、この限りでない。このような決定は、父母が児童を虐待し若しくは放置する場合又は父母が別居しており児童の居住地を決定しなければならない場合のような特定の場合において必要となることがある。

Article 9.1 の主眼は the best interests of the child にある。the best interests of the child は締約国のすべての立法機関、行政機関、司法機関、公的・私的社会福祉機関の活動において子どもを保護し、子どもの権利を促進あるいは制限する場合、さらに親の権利を制限する場合の活動基準であり、かつ親における子どもに対する第一次的養育責任の指導原理なのであり、その具体的内容は子どもの発達の可能性あるいは成熟・自立への成長過程の保障にある（北川 一九九五）。

Article 9.1 は judicial review を経て the best interests of the child の観点から必要である場合、例外的［except when…］に統治権力による親子引き離しが可能である旨を規定している。つまり Article 9.1 に抵触する場合は親の指導原理としての the best interests of the child が保障されず、子どもの発達や成長の可能性が脅かされているために、統治権力が子どもを保護することによりこれを保障するべきケースである。[3]

Article 9.1 の解釈方法

ところが Article 9.1 においては以下の二点がいまだ曖昧である。すなわち、①正文下線部 judicial review 並びに applicable law and procedures の文言について、これらがどのような立法過程上の趣旨であり、どのような国内法とその運用を想定しているのか、そして②親子引き離しにかかるどの段階・場面で judicial review を必要としているのか、である。

条約の解釈方法のセオリーとしては、まずは客観的解釈が試みられるべきである。[4] 客観的解釈とは、当事国の意思が各条文に表現されているとし、文言それ自体の検討と当該の条文における明確な趣旨及び目的に照らして解釈を導くものである。しかし前記①②のような不明点がある場合、文言それ自体の意味解釈や、その他の具体的記述それ自体から明らかにできる趣旨及び目的に照らすということのみをもって当該個所の解釈が明らかにできるとは考え難い。そのようなときには主観的解釈や目的論解釈（実効性解釈）も含めて勘案されるべきである。主観的解釈は、当事国の実際の意思は必ずしも満足に各条文に表明されていない故に必要に応じて準備作業及び条約の締結の際の事情などの背景的文脈も勘案して総合的かつ実際的に解釈すべきであるという立場である。また、目的論解釈（実効性解釈）は、当該の法の趣旨・目的に照らして最も適切で実効的な解釈を選定すべきという立場である。しかし専ら実効性を確保しようという意図でこの方法をとれば原則的解釈の枠を大きく超えてしまうおそれがあるので、「実効性」という文脈に対しては当事者の意図を尊重した客観的ないし主観的解釈が優先されるべきである。

次節では①の論点についてまず政府訳下線部「司法の審査」の客観的・基本的語義を確認した後、主観的解釈および目的論解釈の見地から Article 9.1 の趣旨・目的を明らかにするために、その作成過程において重要な役割を果たした一九八一年のアメリカ案および一九八二年のアメリカ案に着目して考察する。

3 judicial review の解釈

judicial review の語義

judicial review という文言について、政府訳においては「司法の審査」となっているが、わが国の法学ではこれを「司法審査」と訳すのが一般的である[5]。また先行研究においても「司法審査」の同義語として用いられている（例えば、水岡 二〇一四、喜多・立正大学喜多ゼミナール編 一九九四、許斐 一九九六ａｂなど）。「司法審査」とは、行政の行為の根拠とされた事実認定が支持し得るか、裁量濫用ないし憲法違反・法律違反がなかったかを裁判所が審査すること、という意味になる。Article 9.1 の政府訳「司法の審査」の意味内容について、波多野理望は「日本では、家庭裁判所の審判がこれにあたる」（波多野 二〇〇五：六一）と述べている。波多野は児童福祉法第二八条ならびに特別家事審判規則第一八条・第一九条の手続きによって児童福祉法第二七条第一項第三号の措置を実行するためのいわゆる「二八条審判」が Article 9.1 における judicial review の文言に相当するとしている。

議論があるとすれば波多野がこれをもって「『司法の審査に従う』という『条件』は十分に満たされていると考えられる」（波多野 二〇〇五：六五）と評しているところである。児童福祉法第二八条や特別家事審判規則第一八条・第一九条は、審査手続きのあり方について家庭裁判所（家事審判官）および児童相談所に対し具体的で詳細な要求を記述したものではなく、（陳述及び意見の聴取について規定されているものの）一般的・大枠的な記述であり、この摘示をもってして司法固有の働きが「十分に満たされていると考えられる」と評するのは楽観的である。ただ実際問題として波多野の指す二八条審判しか児童相談所の介入に伴うべき「司法審査」としての機能を果たすものがないのは確かであるから、二八条審判がどの程度 judicial review の主旨に適うかを考察する必要がある。しかしながらこの点は Article 9.1 の解釈の如何とは異なる議論であるので次節において述べることにする。

Article 9.1 における judicial review の文言はＣＲＣの作成過程の一九八二年会期においてアメリカが挿入するよう提案したのが直接的な契機である。[6] 厳密には、アメリカは一九八一年に提出した自国案（E/CN.4/L.1575, para 65）への再修正案（E/1982/12/Add.1, C, para 20）として、subject to judicial review（司法の審査に従う）の語を自国案の文中の competent authorities（権限のある当局）の後に挿入するように提案した。司法の関与は単に the best interests of the child の確認のためというのみではなく、「権限のある当局」の介入においてこれを監視するためにすべからく伴うもの、という文脈をもっていると解せる。judicial review の文言の理解においては、統治権力に対する監視を要求するアメリカ案の趣旨を踏まえておくことが望ましい。

そもそも正文の下線部 applicable law and procedures（政府訳「適用のある法律及び手続」）の部分については、アメリカの一九八一年案が procedures and criteria specified by domestic law（国内法によって特定された手続き及び基準）という文言で提案していたものである。特に criteria の語が用いられているあたり、例外規定としての親子引き離しにあたって従うべき条件として、正文のそれよりも明確かつ厳密なものを要求していたといえる。この文言はフランスが正文と同じ文言への置き換えを提案し、他国もこれを支持したため（E/1982/12/Add.1, C, para 22）、最終的に訂正されたが、Article 9.1 の作成において積極的に発言し、特に judicial review の文言の挿入に関して重要な役割を果たしたアメリカが一九八一年案で統治権力による親子引き離しに対してより厳密な制限を加えようとしたこと、そして一九八二年案でこれを司法審査によって達成しようとしたことの意義は無視できない。つまり Article 9.1 においては judicial review は単に the best interests of the child についての判断をすればよいというだけのことではなく、the best interests of the child に主眼を置きつつもそれへの判断から、ひいては統治権力の介入の是非を問い、評価するという性質もあるということである。

judicial review に求められる二つの眼差し

以上の考察から、条文の趣旨として、judicial review においては the best interests of the child を中心として二つの眼差しが求められているといえる。

一点目は司法の眼差しを「子ども」の状態や環境に向けて、統治権力による措置の必要性（要保護性）を確認する必要があるということである。二点目は、統治権力の不必要な介入を予期して、すなわち司法の眼差しを「統治権力」に向けて、権力の発動のその根拠・過程・結果を監視し評価する必要があるということである。いずれも the best interests of the child の確保のために必要であり、この二つの眼差しが judicial review に求められている。その意味で Article 9.1 は、「必要であれば介入すること」という規定と「不必要な介入はしないこと」という規定が相克的に併存しているといえる。

Article 9.1 は、統治権力が the best interests of the child の確保のために介入しなければならないという文意をもちつつも、個別具体的なケースにおいて the best interests of the child の如何の判断をまずもって統治権力に委ねている。Article 9.1 の目的は the best interests of the child の語に込められているが、その確保をどのようにして達成すべきかといった実際的な論点を曖昧なままにして、統治権力の良心に期待して放置するならば、畢竟（ひっきょう）「子どもの最善の利益にかかる実質全てを統治権力に委ねる」と言っているに過ぎなくなる。そして「必要であれば介入すること」という規定と「不必要な介入はしないこと」という規定の相反については、統治権力に勝る力が国内にない以上は、結果的に前者が優位に立ってしまう。実際 Article 9.1 の文脈では「不必要な介入はしないこと」という規定が原則であり「必要であれば介入すること」という規定は例外であるのは明らかであるが、日本の現行制度をみると、統治権力の裁量如何によって「不必要な介入はしないこと」という規定を根拠とした the best interests of the child の確保を棚上げし、「必要であれば介入すること」という規定を根拠とした the best interests of the child

の名の下に親子引き離しができるようになっている。

こうした状況で反復性、予測可能性をもった論理一貫の法運用を行うためには司法による厳格な審査の蓄積が必要である。そして個別具体的なケースにおいては「不必要な介入はしないこと」という規定を原則として、統治権力の介入への監視の眼差しも必要である。

4　児童福祉法二八条における審判の現状と問題点

家裁の眼差し

しかし現状のいわゆる二八条審判においては、家裁は基本的に児童相談所の善意と良心を信頼している。このことには少なくとも次の三つの問題がある。すなわち、一時保護などの強権的介入の具体的場面における人権侵害を審判上の視野に含めていないこと、刑事事件のように厳密で科学的な証拠調べが義務付けられていないこと、そして当事者である親子の意見は非科学的・非客観的であるとして同等に扱わないという姿勢がまかり通ること、の三点である。これらに関して、そもそも家庭裁判所がそのようなところまで考慮するべきなのかという疑問があるかもしれない。今後も議論が必要なところではあるが、the best interests of the child という第一義に照らして、また児童相談所の権力を監視・審判できる実際上最も有力な機関としての役割を考えて、（現状の制度の枠内でいえば家裁において、あるいは少なくとも何らかの機関において）その必要があると考える。

二八条審判における家裁の本来的な役割については、学説的には児童福祉法第二八条に基づく措置の必要性を判断するのみであるべきか、あるいはその具体的な保護措置内容の選択も含めるべきかどうかという点においては議論がある[7]。ただ、家裁が子どもの要保護性を判断する役割を持っていることは確かであり、その意味で家裁の眼差しは専ら子どもないし子どものおかれている状況に向けられている。しかし家裁の眼差しが専ら子どもへ向けられることになれば、児童相談所の強権性が視野に入ってこなくなることにも繋がり、まさに「一時保護」の名目で親子引き離しが行われ、子どもの（さらにいえば親の）精神に多大な苦痛を与え得る場面についての、職業倫理にも関わる事柄についての評価を行わないということでもある。子どもの人権ないし尊厳という観点から、例えば親子引き離しの具体的な手法、情報開示の仕方や程度、担当職員の態度・発言、障害など特別な事情のある子どもへの配慮、地域生活における親子の社会的名誉への配慮、個人情報等の扱いなどについて、家裁は児童相談所の権力行使に対する唯一の司法的関与の場として何らかの審査・言及がなされるべきであろう。

また二八条審判は刑事訴訟と異なり厳密で科学的な証拠調べの手続きを徹底する義務がなく、簡易な書類審査的な手続きで済ませることができるという問題もある。家事事件手続法第五六条において「家庭裁判所は、職権で事実の調査をし、かつ、申し立てにより又は職権で、必要と認める証拠調べをしなければならない」とあり、一見すると家裁に証拠調べの義務があるようにも読めるが、「職権で」「必要と認める」証拠調べである。また証拠調べに参照される情報が児童相談所の側に都合良く編集し提出したものである可能性がないとはいえず、その場合親子の側に何らかの不利益が生じる。

その一方で、親側、すなわち児童相談所と利害の対立する側から提出された書類については、証拠の提示を含むものであっても、十分に考慮に入れないで審判を行うこともある（家事事件手続法第五六条、または同第六四条の準用元の民事訴訟法第一八一条に基づく判断と考えられる）。the best interests of the child という第一義に照らしても、親側の主張を含めて子どもについてのあらゆる情報を総合的に検討することが子どもにとっても望ましいが、家裁は親よりも児童相談所の主張に信頼を置くことで、児童相談所による子どもの人権侵害の可能性に気づけないことも十分考えられる。

二八条審判の認容率とそれへの批判

司法統計「家事審判事件の受理、既済、未済手続別事件別件数　全家庭裁判所」によると、取り下げを除けば毎年九割五分以上の極めて高い割合で「認容」となっており、この不自然さはすでに指摘されているところである。石田文三はこの状況に関して、「裁判所は児童相談所の言いなりで、施設入所のお墨付きを与えているだけではないかと悩む裁判官もいると聞く」状況も「もっともだ」と評している（石田 二〇一四：二六四－二六五）。そして石田は親や子どもが国の費用で代理人弁護士に依頼して児相側と対等な当事者関係にするべきであると指摘している。同様に内海聡も「親権者の勝率はほぼないに等しく」「ほぼ児童相談所の圧勝」（内海 二〇一三：三七）であると述べ、親の不利な立場と児童相談所の強権に対する無規制状態の問題性を指摘している。

それにしてもほぼ全件認容というのは刑事訴訟の有罪率のような値である。刑事司法のように、令状主義の下で、証拠を揃える努力をし、検察が起訴したもののみについて、推定無罪を働かせ、長期間の訴訟を経てもなお冤罪が起こるのが司法の世界であるのに、児童虐待ケースに係る司法審査が、親に対して推定有罪を働かせ、厳密に証拠調べをせず、意見表明の機会をも不平等にしているとすれば、やはり児童相談所（いわば検察）と審判官（裁判官）の関係性が問い直されることになろう。どういった統計の読み方も推察や仮説の域を出ないが、制度設計や制度評価は権限の濫用を前提としてなされるべきである。二八条審判のあり方についての統計結果をあえて批判的にみることをしないのであれば学問として危険ではないか。また児童福祉の現場実践者は自らの権限行使の必要性と濫用可能性にしばしば葛藤や揺れを覚えているのであるから、現場実践者としてもただ単に家裁に認容されることを望んでいるというよりは、ある程度厳密な審査と判断基準に関する知識の蓄積によって、つまり司法の論理を参照できることによって、統治権力として行うべきこととそうでないことの判断がしやすくなっていくことを望んでいるのではないか(8)。

児童相談所と家裁の関係は二八条審判の申し立て前から築かれており、申し立て前に家裁が児童相談所からの相談を受け、申し立て時点ですぐに事情聴取できるようにしたり、準備資料のアドバイスを行ったりして、スムーズに児童相談所の申し立てを認容できるように連携を強めている。飯田邦男は家庭裁判所調査官の立場から「これまでは、家裁は中立的な立場で客観的な審査や判断をしていればよかったものが、児童虐待の増加や子どもを保護する必要性の増大から、親権や後見が関係する問題について『子の最善の利益』を図るために、後見的な立場や役割を鮮明にしなければならなくなってきた」（飯田 二〇〇五：一九九）と述べている。「中立的な立場から客観的な審査や判断」をすることと引き換えに後見的立場を鮮明にするとあれば、これは対立・紛争関係において権利義務関係の観点から中立公平に関与するという司法の役割から遊離し、福祉行政の追認装置として機能する姿勢を宣言したようなものである。

実際家庭裁判所調査官の報告ないしこれに付された意見（家事事件手続法第五八条第三項及び第四項）には、ときに親が不利になるようなバイアスがかかっていることもあり得るし、その場合のケースの記述は誘導的になる。家庭裁判所調査官の報告内容には細かな錯誤や虚偽に対する親からの非難がつきものであるが、審判官が必ず逐一調査して事実の確認をするわけでもない。

家事事件手続法の徹底した職権主義に基づく簡易な「書類審査」的な審判や、実際の統計上の認容率から考えても、二八条審判における家裁の社会的機能は児童相談所とあまり差がないといえる。要するに、家裁の「司法審査」の眼差しと児相のケースワーク的な眼差しの何が異なるのかがより明確化されるべきである。司法機関が判断をするということと、司法的な手続きに則って判断をするということは本来別のことである。

無論、福祉行政が提出する情報やその記述の客観性と司法が本来的に要求するそれとは性質が異なるのかもしれない。[9] 例えば福祉行政では事実や子どもの語りよりも専門職による子どもの本心の推察などを重要な情報とみなすことがあり、そこから未来の予測や対応の優先順位を提示し、その対応の妥当性が客観的に認められるかどうかに焦点が当てられる。一方司法においては、事実経過の確証や諸事実の因果関係、そして既存の法規と具体事例における権利義務関係の合致ないし一貫性が客観性を構成する。二八条審判のような場合、福祉か司法か、審判官はどちらか片方の客観性に接近することになるが、現在のところそれが前者に接近するものであるから、やはり問題であるといわなければならない。

5　司法の審査はいつ行われるのか

次に、judicial review が統治権力の介入のどの段階でなされるべきかという②の問題であるが、現状としては介入を事後的に追認するいわゆる二八条審判しか用意されていない。しかし Article 9.1 の正文および政府訳を熟考すれば、文脈において必ずしも事後的な追認がなされるだけで十分であるとはいえない。

正文の場合、司法審査をする場合を除いて［except when…］親子の引き離しを禁止するという程度の意味であり、介入に伴う司法審査のタイミングについて明言されているとは言い難い。ただ常識的議論としても原則的に統治権力による親子引き離しは禁止されており、あくまで例外措置としてこれを認めるための司法審査を要求しているのであるから、この実効性を強く意識して事前に司法審査を入れる方がよい、という程度のことはいえる。事前審査の必要性はすでにさまざまな立場から指摘されている通りである。例えば水岡不二雄は「児相は、裁判所の令状によらず一方的に子供を略取し、司法審査なしに直ちに親子の完全隔離を行なうのであるから、条約にあるこの但書［Article 9.1 の〝except when〟以下を指す］は、児相の行政措置を正当化することにならない」（水岡 二〇一四：一三六、括弧内引用者）と指摘している。同様に久保（二〇一四）、釣部（二〇一四）も事前審査が望ましい旨の指摘をしている。

また純粋な文理解釈とまではいえないとしても、Article 9.1 の趣旨・目的からの解釈によって事後審査のみでは不十分であり、事前審査が望ましいと結論することは難しくない。例えば以下の論理展開がそれである。混乱を避け、展開を明確にするために箇条書きで整理する。（1）そもそもArticle 9.1の第一義的な趣旨としてthe best interests of the childの確保が要求されているのであり、そのための介入の必要性の判断のためにjudicial reviewが要求されている。（2）（1）より、judicial reviewを実施する必要が生じる論理的契機はthe best interests of the childに関する判断がまず問われる場面、すなわちthe best interests of the childの個別具体的な内容の探知や評価を行い、親子引き離しの決定をする場面であると解するべきであり、この時点においてjudicial reviewの対象となる。（3）（2）より、judicial reviewの必要性が介入の判断の時点で生じる以上、Article 9.1は、介入以前の「事前審査」など、極力早い段階での実施を要求している。要するにthe best interests of the childに関する判断のために司法審査がある以上、児童相談所はthe best interests of the childを根拠に介入の決定をした時点、つまり介入前の事前に審査を受けなければならず、そうでなければ運用の実効性のみならずそもそも条文の趣旨・目的の理解からしておかしいということである。

以上の論述は「司法審査は早ければ早いほど法の趣旨・目的及び文脈に合う」という展開であるが、「司法審査が遅ければ遅いほど法の趣旨・目的及び文脈に合わない」という展開として以下の論じ方もできる。それを以下に箇条書きで整理する。

（1）統治権力による親子引き離しが例外的に許されるのは judicial review の実施によって統治権力が判断・提示したthe best interests of the childの内容に対する承認・否認の可能性に開かれていることで公正性を担保するからである。（2）（1）より、もしjudicial reviewが統治権力の介入後になされるならば、それまでの間は統治権力の判断・提示するthe best interests of the childは承認・否認の可能性に開かれておらず、統治権力によるthe best interests of the childの剥奪が探知できない状況である。（3）よって事後審査は、たとえ素朴な文理の上で、どこかの時点で judicial review を伴うことを約束することで条文に明確に違反するとまではいえないとしても、the best interests of the child を確保するという目的・趣旨からは外れており、例外としての親子引き離しのさらに例外的な制度であるといえる。この論理でいえば、「例外中の例外」としての二八条審判しか用意されていない現状の国内法制度は、たとえ文理的に際どいグレーゾーンを維持していても、法の目的・趣旨に反するものと結論される。いうまでもなく、親による虐待という特殊なケースにおいても、統治権力が当該のケースの別の側面で the best interests of the child の保障を妨げるような人権侵害を行ってよいというわけではない。なお一時保護後に二八条審判を申し立てないケースでは一時保護という親子引き離しに対して審判がなされないので、統治権力による子どもの人権侵害ないし the best interests of the child の剥奪は発見できない。これについては文理上の争いさえ起こらない明確な問題といえる。また一時保護については、二〇一七年の児童福祉法改正によって、二か月を超えて一時保護をする場合で親権者等の意に反する場合は家庭裁判所の承認を得なければならないとされたが、これも本章で指摘するところからいって、本質的な改善ではない。

　以上述べてきたように、the best interests of the child の確保を条文の主眼とする以上、事後審査ではなく事前審査の方を適切な国内法の運用として想定していると解することができる。喜多明人らは一般家庭の親に向けた Article 9.1 の解説において「この第9条では、親の意思に反して親子が分離されないことを明記していますが、親によっては子どもが虐待されたり放任されるなど不当なあつかいを受けている場合には司法手続きにしたがって、親子が分離されることもある、と言っているのです」（喜多・立正大学喜多ゼミナール　一九九四：三八）と述べている。「司法手続きに従って、親子が分離される」のであるから、司法審査は親子引き離しの前になくてはならないはずである。現状に照らせばこの喜多らの説明は誤っているのだが、そのような説明の仕方をとらなければ説得的でないということでもあり、その意味で市民が納得するような制度のあり方を示唆しているともいえる。

6　the best interests of the child を守るために

以上、CRCの Article 9.1 の文意や趣旨、特に judicial review の語について、主観的解釈・目的論解釈を含めた解釈方法によって確認した後、日本の現行制度がこの趣旨に適うものではないことを指摘してきた。統治権力による親子引き離しは極めて重い判断であるから、司法審査は厳密なものでなくてはならない。児童相談所の介入にあたっての具体的な根拠、過程、結果状況を家裁の眼差しの対象として厳しく審査し、司法の目からも必要な措置だけを確実に行うようにするべきである（むしろ児童相談所の側もその方がためらわず、責められず、より確信をもって一時保護ができると思うのだが）。

二八条審判についてはいっそう厳密な審査が必要である。重要なのは家裁が児童相談所に接近して児童相談所と判断基準を共有しようとするのではなく、きちんと司法の固有性をもって権利義務の観点から審査するという姿勢を持つことである。

Article 9.1 および judicial review の趣旨からいえば、無論 the best interests of the child の保障が最重要事項であるが、これは統治権力によって、自らの意に反して親子が引き離されないという規定がその原則となっており、必要であれば親子引き離しを行うという規定はあくまで例外である。しかし Article 9.1 は統治権力の強権的介入を抑制する趣旨の規範でありながら、それに併存する論理として、この抑えを凍結し強権的介入を許す職権を統治権力の側に与えており、その限りで原理的矛盾ともいえる。

Article 9.1 の趣旨に照らせば、統治権力を名宛人として統治権力の不必要な介入から子どもを守るものでもあるのだから、たとえ児童虐待などのケースを想定していても、統治権力が介入することについては児童虐待云々とは別の問題として、監視され、審査されなければならない。

Article 9.1について本章で提示した問題は、単なる法の論理と実際社会の乖離の問題であるのみでなく、まずもって子どもの最善の利益という福祉と権利に関する問題であり、それは市民と統治権力との関係についての問題でもある。またそれは親子の引き離しという強力な権限の行使においてジレンマを抱える児童相談所に対して、司法がただ事後に児童相談所の権限行使の承認をすればよいのではなく、事前に司法の役割、司法的な判断として児童相談所に一定の筋道を示すことで、児童相談所の権力性と不当性のジレンマから救う側面ももっているということでもある。

注

（1）ＣＲＣについて、正文（原文）は英語版のほか、アラビア語版、中国語版、フランス語版、ロシア語版、スペイン語版があるが、ここでは英語版を正文として検討する。

（2）Article 9.1というと出入国管理法に関係しての政府の解釈宣言に言及することが多いが、ここでは解釈宣言には言及せず条文の文言それ自体を考察対象とする。

（3）Article 9.1の親子引き離し禁止規定の趣旨からいってそれに抵触するとされている事態の例としては、戦争のほか、社命による単身赴任、地理的に離れた盲学校・聾学校での寮生活を強いられている場合などが挙げられる（中野・小笠 一九九六：五九－六〇）。

（4）条約の解釈に関しては杉原高嶺ほか（二〇一二）『現代国際法講義：第5版』（有斐閣）を参照。

（5）田中英夫編（一九九一）『英米法辞典』（東京大学出版会）ならびに小山貞夫（二〇一一）『英米法律用語辞典』（研究社）を参照。

（6）ＣＲＣの作成過程における各国の提案ないし議論に関しては、S.Detric (ed.), 1992, *The United Nations Convention on the Rights of the Child: A Guide to the Travaux Proparatoires*, MARTINUS NIJHOFF PUBLISHERS を参照した。

（7）保護措置内容まで判断するか否かで法学的には包括承認、部分包括承認、特定承認かといった分類がおこる（橋爪 二〇一二）。

（8）この点についての同様の指摘として藤林（二〇一五）を参照。

（9）司法的判断と福祉的判断の異なりについては高橋・才村・庄司ほか（二〇〇九）を参考にしている。

第5章

親の支援者の必要性

前章では規範的な視点から、親と児童相談所の権利レベルでの対立関係があるなかで「児童の最善の利益」を確保するための制度について、特に親子の引き離し前の司法審査の必要性に着目して考察した。

本章では経験的なアプローチから児童相談所と親との対立関係において生じる権力の非対称性に対し、その緩和策について考察する。

1　親への支援の必要性の自覚と権力行使への批判

児童虐待が疑われるケースにおける親に対する専門職や研究者らのイメージには、厳しく断罪すべき対象というよりも、第3章で述べたように「支援」を必要とする親というイメージがある。そこで求められる「支援」とはしばしば臨床心理学や精神医学に接合して矯正的な色を帯びる。例えば上田庄一は児童相談所の虐待認定基準などの論点には触れないままに「虐待の加害者には強い法的手段で、治療やカウンセリング等を受けることを課すべきであると考える。この治療を受けなければペナルティーを課すぐらいの強い対応が必要である」（上田 二〇〇六：四六）と述べており、児童相談所が児童虐待を認めた親を指導や治療の対象とする見方を示している。このとき研究者の立場は児童相談所の側にあり、児童相談所の介入の正当性や有効性を前提している。

「社会問題の社会学」の領域ではしばしば児童虐待がテーマとなり、そこでは専門職の介入における非科学性、権力性の暴露を含みながら問題の構築性が指摘されてきた（例えば、Margolin 一九九七：二〇〇三、上野・野村 二〇〇三、佐竹・上野・樫田 二〇〇七、内田 二〇〇九）。そのとき社会学者にとって「児相問題」的な図式も一定程度意識されていたはずであるが、示唆に留まり、これを主題化して考察することはなかった。

また社会福祉学は専門職批判の文脈をもついわゆるポストモダン的な議論をその内部に取り込む形で（というよりフーコーの権力論を思想的に継受し）、援助がパターナリスティックになることに自覚的になる「反省的学問」の道を拓いていった。三島亜紀子は「本来おのれに向けられていた批判的言説を内面化することによって正当性を保つ学問」（三島 二〇一〇：三一三）を社会福祉学における一つの研究志向としての「反省的学問」とし、エンパワメント、ストレングス視点、ナラティヴなどの当事者主義的な援助を挙げている。

しかし三島はまさにパターナリズムへの反省的態度が「凍結」される典型例として児童虐待が疑われるケースを挙げている（三島 二〇〇七a：vi）。そのような事態の要因は、社会福祉学が専門職の関わりによる問題解決を想定していることである。児童虐待において専門職による介入はこれまで不可欠であったし、これからもそうであろう。ただそのために社会福祉学では親への支援に対し、専門職の関与という志向の延長にある議論以外のものを俎上に乗せにくい流れが出来上がっている。換言すれば、専門職に対し「そこに権力がある」というだけの指摘にはもはや何の効果も見込めない時代になっている[1]。

福祉のワーカーは医療化・心理学化する社会におけるエージェントだ、あるいは感情労働を行なうものだ、など……（中略）……こうした研究は評価されない。いくら面白い研究であっても、社会福祉学者にとって重要なのは、そこから先だ（三島 二〇一〇：三一四）。

専門職批判の文脈は、畢竟、社会福祉学にとっては「専門職の介入を控えよ」という身も蓋もないメッセージに聞こえてしまうこともある。

また三島は「常識を疑うことが社会学の特徴の一つとされることがあるが、社会福祉学には疑うべきではない聖域がある」（三島 二〇一〇：三一一）とも述べている。その「聖域」の一つは専門職の関与による解決であろう。どのように役立つのか、どのようにして解決に近づくのかといった社会福祉学の実践的関心が、積極的にアクションを起こす専門職に期待するのは当然といえる。児童虐待のように今日最も深刻とされているような社会問題であるならなおのことである。問題のための現象理解（社会学）を超えて問題解決マインドを持つ場合（社会福祉学）、やはり重要なのは「そこに権力がある」という指摘の「そこから先」にある、改善された専門職の関与の仕方を問うことである。

2　マーゴリンのソーシャルワークの技法論

上記の問題意識から、本節ではソーシャルワーカーのクライエントに対する統制の技法を構築主義的に描出したマーゴリンの『ソーシャルワークの社会的構築――優しさの名のもとに』（Margolin 一九九七：二〇〇三）を導きの糸に、「児相問題」の一つの例を取り上げて考察し、提言に繋げる。

構築主義は社会問題を「ある状態が存在すると主張し、それが問題であると定義する人びとによる活動」（Spector

& Kitsuse 1977=1990：117）と捉える。構築主義の立場では社会問題は初めから特定の事物に備わっている性質ではなく何らかの想定された状態についてクレームを申し立てる個人やグループの「活動」であるという見方をとる。つまり事実や真理についての判断を一旦括弧に入れ、表出する活動に着目して現象理解を行う。

マーゴリンはソーシャルワーカーの統制的な権力の行使のための技法を描出し、パターナリズムへの自覚を獲得したソーシャルワーカーがなおもその権力性を保持し続けていることを明らかにした。ソーシャルワークは「変化したと自他に信じさせることによってのみ、同じであり続けることができた」（Margolin 一九九七：二〇〇三、三六）のだ。

とはいえマーゴリンはソーシャルワーカーの介入の不当性の検証や、技法の失敗の暴露を目的としたわけではない。構築主義的な描出方法によって、ソーシャルワーカーの記述行為による一つの物語が他の対抗的な物語を差し置いて支配的になるための（今も昔も変わらぬ）力学を描いたのである。つまり「ソーシャルワークが一つの現実を確立するとき、その現実は必然的に他の現実の出現を妨げている」（Margolin 一九九七：二〇〇三、三二）ことをソーシャルワーカーの側から描出したのであった。例えば第3章で述べたような親のイメージが強調されるのは、ソーシャルワーカーの記述行為の産物ともいえる。

さて、本章で行う事例検討は、マーゴリンの仕事に対し、同じく構築主義的な着想でクライエント（つまり親）側から逆照射し、対抗物語（ナラティヴ）を提示することである。本章ではマーゴリンの提示したようなソーシャルワークの旧態依然の戦略性を改めて検証するのではなく、彼の議論を踏まえて「児童虐待」ないし「児相問題」における実践的、建設的な議論へと進めたい。すなわち「児童虐待」（ソーシャルワーク側の物語）と「児相問題」（親側の物語）の対抗を確認した「そこから先」の、調停的方策のあり方の提案へと繋げたい。

3　事　例

用いる事例

本節で用いるのはX市のある事例の記録であり、それは特定の親の記述行為による情報に依拠している。[2] 人名は登場順にA－Z表記にし、引用部分は「　」で括り、フォントも変えている。当事者である親とは研究目的以外の使用の禁止等の条件確認の上、許可を得ている。

ここで筆者は出来ごとの忠実な再現を目的としているのではなく、著者が親側の記述の細かな内容を支持することを目的としているわけでもない。X市の事例を選択したのは使用可能な情報の量と公開性、また使用許可という研究倫理的観点からである。

事例の読み方としては、親の記述が事実として信用可能かどうかや、親の言い分に賛同できるかどうかではなく、記述において事態がどのように動いているかを観察することが求められる。つまり親の視点・記述行為から、（ソーシャルワーカーのそれとは明らかに異なるであろう）どのような物語が提示されているかに関心を向ける。重要なのは、物語の真偽や賛否ではなく提示された物語それ自体である。

X市の事例の流れ

ある家族の父A、母Bがクレーム申し立ての当事者であり、子である児童Cは彼らから虐待を受けているとして児相に保護された。

二〇〇七年六月五日　学校側の家庭訪問（一回目）：教頭・担任が児童虐待を疑ったことを謝罪

児童Cの一時保護前に、学校側の二度の家庭訪問があった。この時点では児童相談所は関与しておらず、学校・児童・両親という三者関係においてトラブルが生じていた。**「ある日、学校において、担任が児童Cに対し「守ってあげる」と発言したこと」**を児童Cが親に話したことで、親は学校側が児童Cに対する虐待を疑っていると判断した。教頭と担任が家庭訪問した際、両親が自らの教育論を展開しながら虐待ではない旨を説明すると、学校側が謝罪した。ここで親側は虐待の疑いを晴らすために**「虐待」**と**「体罰」**もしくは**「躾」**の相違を伝えることで、学校側からの虐待の疑いが軽率なものであると指摘している。親側にとって、学校側が体罰と虐待の相違を説明できないうちからそれが虐待であると認定できるはずはないという認識がある。

二〇〇七年七月四日　学校側の家庭訪問（二回目）：学校の教育方針に対し質問状を送る

学校から出された宿題について親側が**「担任が出す宿題について、『保護者である私たち』が採点評価し、それを記帳させ翌日担任が確認する』というやり方が保護者にとって大きな負担となる」「学校側の教育方針が家庭内にまで無制限に侵出してくることは間違っている」**と主張し、担任と同僚の教諭二名、さらには校長Dが家庭訪問した際には、学校側は親側の教育方針に感心しつつ冷静に対処している。校長Dの**「1週間時間をください。職員で話し合って学校としての回答を私の名前で出します」**という旨の発言があったので、その日はそれで散会した。校長Dは親に対し**「しっかりとした考え方をもっておられてすばらしい」**と発言していたという。このときの学校側の謝罪がどのような意図を持っていたかはわからない。しかし親側にとっては、降りかかった疑念を確かに払拭してトラブルが回避されたのである。

二〇〇七年七月一〇日　市教育委員会への通告が発覚
二〇〇七年七月一三日　Ｘ市児童相談所が児童Ｃを一時保護・電話通告・Ｃの診断

児童ＣがＸ市児童相談所に一時保護される。親の記述によると、校長Ｄが児童Ｃを要保護児童としてＸ市教育委員会に通告していた。和解したはずの学校側が、虐待があるとして児童相談所に通告したことで、親の驚きと不信は相当なものであった。関係を回復しつつあると思われていた学校側の「通告」は、親側からすれば「密告」として受け止められた。虐待の疑いを晴らしたと思っていた親側と、疑いを持ち続けた学校側との関係性について、両者の認識は大きく異なっていた。

一時保護の電話通告の時点では、親は戸惑っていた。「私はこの時点でまさに寝耳に水状態であり、咄嗟に返す言葉も無く、『私たちのCに対する思いが伝わらないのなら、そちらでよろしくやってください』と言って電話を一方的に切るしかなかった」。親は事態を校長Ｄの「私怨」とみなした。それは「話し合いの時に、私たち夫婦に教育論を論破されたことがそんなに悔しかったのであろうか？　しかし、その報復と腹いせに職権を使っていいわけが無い」という理解によるものである。

また、虐待を二つ返事で認めた児童相談所に対してもすでに不信感は向けられている。「校長Dが午前8時30分に電話通報を児童相談所に行い、児相側は、午前10時30分に実施された緊急受理会議において、『学校へ立入調査を行い、一時保護をする』ことを決定しているのであるが、本来、『立入調査を実施し、その結果から一時保護を決めるべき』ケースであるのに、この時点ですでに一時保護が決定されているのである」。一時保護後、児童ＣはＸ市立病院で診断を受けたが、親側はこのときの診断結果について痣と虐待の因果関係について懐疑的である。「診断書に6カ所の痣の部位と大きさが書かれているほか、『鈍器や靴で付けられた痣』などと書かれているが、その6カ所の痣のうち、学校で付けてきた痣もあるし、C本人が鉄棒等から落ちた際についた痣もあるのである。それをすべて私た

ち保護者が付けたことに決めつけたあげく、診断書に『鈍器や靴』などと具体的な名称を書かせた児相職員は公務員として許されない……（中略）……命に関わるような傷や身体機能を著しく害する傷も無いのに『緊急』だと判断され……」。

医師によれば**「緊急」**の事態を招いていると説明されている。医師・児童相談所と親の間に「緊急」性についての共通理解はない。また**「診断書に『鈍器や靴』などと具体的な名称を書かせた児相職員」**という指摘は、児童相談所と医師にそのような何らかの繋がりがあるという認識を示している。

この時点ですでに「学校→教育委員会→児童相談所→医師→児童相談所」という具合に情報は移動している。親の疑念は学校のみならず、学校の判断を追認する教育委員会、児童相談所、医師というネットワークによって補強されていく過程全体に向けられている。これまでの自動的な流れの中で登場してきた専門職のネットワークが相互信頼・相互承認の関係にあると認識しているのである。なお、親はこのとき**「児相所長の行為も校長Dの行為も刑法第193条に該当する職権濫用罪にあたる犯罪行為」**であると指摘しており、刑事事件として告発する線を探っている。もとは学校との軋轢が生んだと思われる事態の解決を医師や児童相談所などの専門職の仕事に期待することの帰結が、親への**「虐待者」**ラベリングの確定にあると予感した親は、この相互信頼・相互承認的なネットワークの外部にある刑事司法に解決策を求めているともいえる。しかしその後の実際の展開としては、親側は事態解決のために児童相談所に電話し、交渉するという方法をとっている。

二〇〇七年七月一八日　X市児童相談所から「一時保護（委託）通知書」が郵送される

一時保護通知書が届くが、親は書面上の児童Cの年齢が間違っており、さらに父Aの職業も間違っていると指摘している。これについて**「独自の調査は一切せず、伝聞情報だけを鵜呑みにする児相のやり方は間違っている」「得ら**

れた情報は必ず裏取りをして、情報の確度を見極めなければならない」「これは、司法も行政も基本なはず」と記述しており、行政活動としての児童相談所の調査の厳密性について不信感を示している。

また一時保護直後の電話と一時保護通知書の送付以降、児童相談所からの連絡がないと記述しており、児童相談所がどのような調査を行っているかがわからないと指摘している。

二〇〇七年七月一九日　母Bと若手職員Eとの会話

母Bが児童相談所に電話をかけ、書類の間違いを指摘し、また一時保護の必要性や、一時保護の後に全く連絡をしてこないのは何故かを尋ねた際に、児童相談所の若手職員Eが「小学校関係者と子供（C）の言うことは信用できるが、保護者である親の言うことは信用できない」旨の発言をしたという。さらにEの対応について親は「話し方ひとつにしても、児相は私たちより『上』の存在であり、『下』である私たち保護者は黙って言うことを聞けというような横柄さが滲み出ていた」と指摘している。

二〇〇七年七月二〇日　父Aが X 市児童相談所に電話を入れる

二〇〇七年七月二三日　父Aが X 市児童相談所に電話を入れる・職員Eの上司Fと会話

親は若手職員Eが年上である親側に対し命令口調で話し合いに来いという旨の発言をしたとの指摘をしている。また「Eの言葉の端々に『虐待している親が何を言っているんだ』という蔑みのイントネーションが出ていることに苛立ちを感じ、ついこちらの言葉が荒くなる。私たちを挑発し、暴言を吐かせること。これも児相の作戦なんであろうか？」という記述もある。ここでのEの態度は児童相談所の戦略性として考慮されつつある。

また親は「Cが児相側のいい加減なケアのせいで、せっかく躾てきたものが壊されてしまう」と危惧している。それは職員Fとの会話の中で、「こんな奴らに洗脳されたらまともな子供でも駄目になってしまう。（こんなFのような親に育てられている子どもに同情しつつ、社会に順応できない子供を育てていることの方が、本来の意味で児童虐待なのではないかとつくづく思った）」という認識となり、児童相談所こそが虐待者であると指摘している。また職員Fとの会話の中で、Fが「褒めまくって育てなければ家庭内暴力を引き起こす子供ができる可能性が高い」旨の発言をしたとして、それを「科学的根拠などまったくない私見」であると指摘している。

後日の電話で面接の場所についてやりとりした際にも、Fが区役所を提案して「公的な場所で行うことが公平」という見方を示したとの認識に立った上で、親は区役所が児童相談所に近しい場であることからアンフェアであると指摘している。親側が場の設定においてフェアかアンフェアかという考慮をしていることは、児童相談所が事態を一つのパワーゲームとして進めていると想定していることを示し、それはとりもなおさず親側もまたひとつのパワーゲームとして事態を捉えようとしていることを示している。この時点ではもう両者の関係を改善することがかなり難しくなっている。

二〇〇七年七月二五日　母Bが職員と面接

親と児童相談所との面接が行われるが、合意には至らなかったという。親側は児童相談所がそもそも面接を申し入れたことに対し「一時保護を保護に切り替える際に家庭裁判所へ出す許可申請の時に何もしていないと不利になる」ことから「形式的に面接を行った事実が欲しかった」だけだったと理解した。児童相談所の応対が「『今のルールではお子さんを返せない』と答えるだけ」であったことについて、問題に向き合って合意を形成する意図はなく「私たち保護者を説得するつもりなど最初から無い」と推察した。親は「今のルール」によって一時保護の現状は正しい判断に基づいているという児童相談所の主張について、交渉でどうにかなる類のものではないという児童相談所の姿勢の提示と認識したのである。

二〇〇七年七月二七日　母Bが職員Fと会話

その後職員Fが「**Cくんは性格的に二面性があるが、それは虐待のせいである**」という旨の発言をしたとして、親側は「**たかが拉致監禁してから約2週間で、Cの何がわかったと言うのだろうか?**」と疑問を示している。

二〇〇七年七月二七日　父Aの暴言と関わりを避ける児相

その後「**のらりくらり病的な暗さ**」で応対する職員Fに対し父Aが暴言を吐く。親の記述によると、父Aの暴言後、児童相談所は「**挑発的で暴力的な内容なので**」といって電話を切ったり、かけ直しても明らかな居留守を使ったり、電話をたらい回しにするなど、親との関わりを避けるようになったという。

これまで親は児童相談所との二者関係において（電話という方法で）事態の解決を図ってきたが、敵対関係が決定的（修復不可能）な状態になってからの事態の解決策、あるいは関係を避ける相手を強制的に対面に着席させる方法としては、暴力や脅迫、子どもの奪還、訴訟なども選択肢としてあがってくる。実際にこの手のケースにおいてはそれらが選択されることもある。しかしそのいずれにおいても、親と児童相談所の双方において不幸であり、負担の大きいものであろう。

本事例の親は一連の児童相談所の活動について「**児相が今回使用した児童福祉法第三三条の法益も理解せず、自分らに都合がいいように解釈している実態は絶対に許してはならない**」「**今回の事件は、憲法、民法、刑法に抵触する犯罪を行政機関である小学校関係者や児相が堂々と行っているんですよ**」と記述しており、法的正当性の文脈において争い、解決を図る道を選択している。

二〇〇七年八月三〇日　両親がX市に行政不服審査を請求
二〇〇七年九月七日　審査請求が児相と近しい「子育て支援課」に回されていたことがわかる

親は訴訟前に不服審査を請求している。専門職ネットワークの外部に向けて行動する試みであるが、X市役所に電話したところ請求が市の「子育て支援課」に回されていたことを知らされ、親側は審査の公正性を疑っている。これは児童相談所に近しい機関による審査が許される行政の手続きや制度自体への非難も含まれる。

この後の展開としては、親側がしばらくの間をあけて国家賠償訴訟（不法行為による親権の侵害）を起こしている。また児童相談所は二八条審判を経て、児童養護施設への入所措置と面会等制限措置をとっている。

4　記述のネットワーク

以上の事例から、親の記述行為による物語が、児童相談所側が想定しているであろう物語といかに異なるかは想像に難くないだろう。親の側からすれば校長の通告は「密告」であり、早期に行われた一時保護はよく調べもしないで二つ返事で親子引き離しを行う強権の発動であった。また児童相談所（おそらく一時保護所）での子どもの処遇は保護ではなく「洗脳」「本当の意味で児童虐待」であると映り、区役所での面接は児童相談所には公正でも親からは不公正に映った。

事例の親の記述について、マーゴリンの議論に照らしてみても、専門職のネットワークによって親の行動が見事に封殺されている、という程度のことはいえるであろう。専門職の用いるケース記録は「権力の不平等な分配を保障するメカニズム」（Margolin 一九九七：二〇〇三、九七）である。専門職が記述し、所有し、他の専門職に提供し、更新されていくケース記録の内容を親が知ることはできない。まして改変を要求することなどなおできない。事例の一時保護前の段階においても、学校から教育委員会、教育委員会から児童相談所へと情報が移動しているが、保護を決定した児童相談所が構成した物語をこの時点で親が知ることはない。児童相談所は一度も親と会わず、直ちに一時保護を決定している。またその後、Cの心身についての情報を医師と児童相談所が共有し、児童相談所がそれを後にX市役所（不服審査）や家庭裁判所（二八条審判）に伝え、共有することになる。親を除いたネットワークにおいて情報の付加・更新・共有が専門職間でなされ、記録は出来上がっていく。

マーゴリンが「記述のネットワーク」と呼ぶこの構図は、専門職間に好意的で協力的な関係性を構成し、相対的に親を孤立させ、非対称な力関係を生みだす。記述のネットワークにおいて専門職側のみで行われる記述行為をマーゴリンは「文字の暴力（バイオレンス・オブ・レター）」と表現している。「ソーシャルワークの記録、あるいはむしろその記録に含まれる詳細な事実が、クライエントをある『類型』にあてはめ、またクライエントの行動を『不適応』として記述することを可能にしている」し、「そうした記述は、その人の評判を台無しにできる」（Margolin 一九九七：二〇〇三、一〇八）のである。親は、事例のように**「保護者である親の言うことは信用できない」**と考えているかもしれない児童相談所の記述行為に対抗できない。それは複数の専門職ネットワークと孤立する親という構図があることを意味する。なお「文字の暴力」が発揮されるのは親に対してだけではない。**「たかが拉致監禁してから約2週間で、Cの何がわかったと言うのだろうか?」**という親の疑問にもあるように、子どももまた「文字の暴力」の対象となり得るのである。

親が「記述のネットワーク」に参入できない力が働いていることは、「児童虐待者のラベルに同意しそうにない被疑者の証言を考慮する必要はない」（Margolin 一九九七：二〇〇三、三三四）という専門職側の意思を意味する。事例において親は面接に対する児相の態度を**「私たち保護者を説得するつもりなど最初から無い」**と推察したが、ソーシャルワーカーは、記述する対象であるはずの「事実」について、それを追求するにあたって無関係でいられないはずの親に対面しようとしなかろうと、ソーシャルワーカー自身の記述の内部におかれたことが客観性を持った「事実」になることをよく知っている。「個人間の交渉はそこにはなく、ただ記録そのもののなかに沈殿した『事実』があるだけ」（Margolin 一九九七：二〇〇三、三三六）である。記録の中の事実がソーシャルワーカーの側の物語を支配的にする。その記述に親側の物語が入り込むことはない。

ある事例を記述することは、その事例の物語の性質を確定させようとすることである。そして専門職が事例を自由に記述できることは、専門職が物語の脚本を任されているのであり、親の参入を認めないで事例の記録を専門職間のネットワークで流通させたり、書き足したりすることは、専門職間のネットワークが一個の集団と化して親を孤立させる構図を生み出す。「児相問題」の当事者たる親たちは、しばしば事例の展開過程で登場する専門職や機関（学校、教育委員会、病院、児童相談所、役所、家庭裁判所など）を「同族」であるとか「グル」になっているという具合に表現し、指摘する。それはまったく理由のないことではなく、専門職ネットワークの連携によって実際に親は孤立感を覚えているのだ。

5　「懐疑の終着点」からどう進むか

以上を踏まえて筆者がここで提案するのは、児童相談所の権限の縮小というより、専門家の介入という社会福祉学の志向性の延長で、かつパターナリズム批判に自覚的な反省的学問の流れとも適合する実践策である。すなわち、専門職（児童相談所サイド）ではなく親の側に何らかの支援者を設置することである。それによって児童虐待という深刻なケース、しかも児童相談所と対立する親と関わるケースに対し、専門職サイドが自らの権限行使の可能性を原理的に脅かされることなく、親への「支援」性を担保できるあり方を探っていくことができるだろう。要するに、児相の積極的介入に対する児相（ソーシャルワーク一般におけるパターナリズム）批判が、実践的・解決的でないという理由で受け入れがたいものになっているという隘路に対し、親サイドに寄り添った支援者（専門家）を設定するというオルタナティヴを提示するというものである。

マーゴリンのいうように、ソーシャルワーカーが事態の展開をコントロールし、クライエントの物語の出現を妨げつつ、自身の記述行為によって一つの物語を確立するという権力行使において、ソーシャルワークはおそらく変わっていないだろう。「反省的学問」といいつつ、「反省」を受け入れるのはそれによっていっそうソーシャルワークの意義と権能が向上するとみなされるときだけであり、「ソーシャルワークの生き伸びる力を強めるのではなく弱めるとき、そこが懐疑の終着点となる」（Margolin 一九九七：二〇〇三、三八六）のである。つまるところ、ソーシャルワークが自身の権力行使に向き合うのは、自身の権力行使の可能性を脅かさない限りにおいてであり、もしそれを脅かす議論に接続しそうなら、反省的態度は凍結される。その意味でソーシャルワーカーもまた縛られた存在である。

今日の児童虐待という社会問題に関していえば、常に「懐疑の終着点」にあると考えた方がよい。このことはそれだけ児童虐待問題が深刻で待ったなしの問題だ、ということでもある。今日ほとんどすべての社会福祉学者はもちろんのこと、構築主義者でも、虐待されている子どもがいる以上、ソーシャルワーカーがパターナリスティックな介入を諦めることなどできるはずがないと考えているだろう。意外なことかもしれないが、それは「児相問題」を訴える親の多くもそうである。どれだけ児童相談所を非難しても、彼らが指摘しているのは児童相談所の専門能力が疑わしいことや、介入の強権性が過剰であること、また現行制度上児童相談所の落ち度をチェックする機能がないことなどであり、積極的な介入やその技法を駆使することそれ自体の意義は存外否定していない。

マーゴリンも、人一倍ソーシャルワーカーの権力性を指摘しているが、ソーシャルワークの技法の不当性や有責性を訴えてはいない。(3) その代わりに権力行使の一つの帰結に関して、議論の随所に批判的言及をみることができる。

それはクライエントとソーシャルワーカーの立場の非対称性が構成されることに対してであり、筆者にはそこに建設的な議論の可能性が垣間見えているように思われる。

マーゴリンのその批判が最もよく表れているのは、奇しくも児童虐待を例にした部分である。児童虐待が疑われるケースにおいて、親の証言を考慮せず、虐待者のラベリングの過程を単純化することは明らかに権力的である。しかしこれについてマーゴリンは「危険な人物を子どもから隔離することに関心を持つ社会にとっては、望ましいことだという議論もありえるだろう」と述べた上で、その否定的な結果も知っておくべきだと主張する。その結果とは「ラベルを貼られるおそれがある人が、ラベルを貼る側と同等の立場で『協議』することが不可能になってしまう」(Margolin 一九九七：二〇〇三、三三四) ことである。

専門職ネットワークと親との非対称な関係が生まれることは親にとって耐えがたい孤立の苦痛を生むものであるが、常に「懐疑の終着点」にいるソーシャルワークはこのことにどう応対すればよいだろうか。考慮すべき条件は次の二つである。

① 児童相談所が積極的に関与することや権力を行使することそれ自体を批判することにあまり有益な意味はない

② 専門職ネットワークは「記述のネットワーク」において一集団化し、これに参入できない親を孤立させ、権力の非対称性を生み出している

これを調停する策は、親の側に何らかの影響を及ぼすことである。この場合、児童相談所の強権性というよりも、児童相談所と親との間にあまりに不公平な立場関係があることが問題だという方向に考えれば、親に対して何らかの支援者を設置することが望ましいと考えられる。

6　どのような支援者か

親には児童相談所との関係を調整してくれる支援者が必要である。立場の非対称性に加え、事例から明らかなように、親が用いることができる社会的資源が限られており、また児童相談所側の意図や方針も親に伝わりにくい状況がある以上、仲介する支援者を置くことで児童相談所と親との関係調整・問題解決上メリットがあると推察されるのである。その役割を担う者は、少なくとも多くの親の実際生活においてそれは不在であり、親自身の物語の考察を通してこれを模索していく機運を期待する段階である。

親と児童相談所の軋轢に関しては、児童相談所の機能分化という方向も提示されており（上田 二〇〇六、上田 二〇〇七）、これは検討に値する議論である。強権的な措置をとる主体と継続的にコミュニケーションをとる支援者が同一であるのは、親と児童相談所の双方において精神的に無理を来すものである。事例のように児童相談所が親との関わりを持てない事情があるならば、なおさらこれを調整する支援者の意義は大きい。以下、現時点で求められる支援者の像を可能な限り記述する。

法的解決のみを目指すわけではないこと

事例のように国家賠償請求訴訟などの迂回を経て、親の権利義務関係を確認することで児童相談所の保護解除を方向付けるということもできなくはない。しかしそれは司法領域の専門職による援助でしかなしえないし、対話というより対立構造を前提にしている。

しかも本章の事例において、親は国賠訴訟を引き受けてもらえる弁護士を探し当てるために全国を飛び回り、実に二〇〇人もの弁護士をあたって、そして断られ続けてきた。弁護士にとって児童相談所を訴訟相手にするということの無理は明らかなのである。訴訟で児童相談所と争うということは現実的でないし、児童相談所としても訴訟を抱え込むのは負担である。実際多くの親は泣き寝入り（子どもは施設に送られ、児童相談所との関係は途切れ、施設入所の費用だけを払い続ける生活）である。そこでは児童相談所への強い憎しみと不信が積み上がる。多くの親には法専門職以外の支援者も必要である。

専門職側に関する情報を調達し、親に伝達し、親と共有すること

児童虐待が疑われるケースにおいては、虐待の診断の信憑性や緊急性の判断基準、児童相談所が要求している家庭教育のあり方、保護後の子どもの状況、法解釈の仕方、事例対応における方針など、親に明確に伝わっていないことが多数ある。統治権力である専門職ネットワークの側がどのような基準で個々の事柄を判断しているのかは、本来統治権力の側が「法律に従って……」など漠然とした回答ではなく予め明示しておくべきであるが、専門職に関する知識を備えた支援者がきちんと親に伝達するだけでも、事例の性質は大きく変化するものと思われる。

また親は児童相談所のさまざまな専門能力を疑うような場面を多く記述している。例えば児童相談所が家裁に提出した申立書に**「児童Cへの躾についての議論で、担任が5時間に及ぶ軟禁」**や**「保護者が『面接を拒否』した」**旨の記述、不服審査及び法的手続きについて**「両親の宣言に対し職員Fが『こちらも手続きをやっていきます』と回答した」**旨の記載がなされたが、親の事実認識と異なっていたため、児童相談所や家裁が虚偽の情報を鵜呑みにしたのではないかと疑われている。児童相談所の側にも事情はあるだろうが、さまざまなことが児童相談所への不信感に繋がるのであり、緩衝剤的な情報伝達者を置くことに意味はあるだろう。

記述のネットワークに参入し、影響すること

先述のマーゴリンの批判であるが、「ラベルを貼られるおそれがある人が、ラベルを貼る側と同等の立場で『協議』することと」ができない状況が、「同族」や「グル」による親の孤立化である。そしてそれは専門職ネットワークが自身で物語を記述することというより、その記述のネットワークに親の記述が参入できないことが問題であった。支援者は、親の物語を伝達し、実質的な対話・協議の状態を構成することで、親を専門職ネットワークにとって二次的で消極的な存在からより積極的な存在へと変化させていかなければならない。

本章ではこれまで社会福祉学という学問における反省的学問という一つの自覚の中で、当事者による物語（ナラティヴ）の重要性が、児童相談所あるいはソーシャルワークに求められる強権発動の判断の可能性を脅かすことなく適合可能となるためにはどうすればよいかという隘路の打開策として、当事者サイドの物語に接近するソーシャルワーク（支援者、専門職）を構想することを述べてきた。

先に児童相談所の機能分化について触れたが、現在、児童相談所の権力行使を監視する第三者機関の設置を求める市民運動上の動きがある。しかし筆者としては、それ以前に今まさに児童相談所との軋轢の中にいる親の個別的な支援を担う支援者が求められていると思われる。

注

（１）社会福祉学者には社会学のポリティカルな視点で自らの議論のナイーブさを示唆されることや、権力批判の帰結として子どもの保護の推進に歯止めがかかるかもしれないことに苛立ちを覚える者もいるだろう。三島のいうように「児童虐待をキーコンセプトとするモラル・パニックが社会を覆っているとき、こうした考察の傾向自体が、その様式にそぐわない反則的な態度となるだろう。とりわけ心理や社会福祉の領域で虐待に関心を持つ人々から反感を買う。つまり、『ここで苦しんでいる子どもを無視するというのか』という罵倒である」（三島 二〇〇五：四五）、「『社会福祉学の人』たちの一部は、『社会学の人』たちのそんな客観的な態度が許せない。かわいそ

うな子どもたちを見殺しにするのか」（三島 二〇〇七b：一八九）といった反応である。

（2） 二〇一七年一二月一日時点で、当該の記述が公開されていたHPの閲覧が不可能となっている。本章は篠原拓也（二〇一五）「児童相談所と対立する親への支援」（大阪府立大学人間社会学研究科社会福祉学専攻『社会問題研究』六十四号、一三−二六頁）を修正したものであり、その論文の執筆時点では公開されていた記述である。

（3） 文中では権力行使の帰結に関する批判について論じているが、マーゴリンの議論の総括・結論部分では、クライエントに権力を行使している事実を忘却しようとするようなソーシャルワーカー自身の防衛的で矛盾した態度や姿勢、道徳的にではなく言語的・意味論的に利己性を発揮していること、およびそのように彼らに強いている構造的問題に関する批判を行っている（Margolin 1997=2003：406-407）。

第6章　検討されるべき対応策

本章ではこれまでの議論の結論として、児童相談所と親との対立関係を解消・緩和するために今後いっそう検討されるべき対応策について述べる。

1　児童相談所の理念・行動原理の周知

親支援の困難を緩和するための対応策の一つが、児童相談所の役割の周知である。全国児童相談所長会「親権者不同意の一時保護に関する調査」（平成二二年度）によると、親への対応を円滑にするために今後制度等で必要と思われる事柄について、上位一位に「児童相談所の役割のPR」と回答した児童相談所は二・五％である。上位二位にこれを回答したのは〇・五％である。

「児童虐待のモデル」が支配的な今日、児童相談所の役割のPRを行えば行うほど児童虐待通告が増加し、そこに含まれる悪意や誤解に基づく通告も増加し、児童相談所や親子が疲弊する可能性はある。もちろん行うべきPRはそのような意味からではない。児童相談所は社会福祉の機関であり、支援ベースであり、可能な限り家庭での養育を支え、地域見守りを促す立場にあるから最終的な例外的手段としてしか子どもを保護することはないとして、社会福祉の機関としての、また統治権力としての分別や節度を示してもよいのではないか。また研究者も世論に迎合するのではなく、本来の児童相談所のあり方について再検討し、議論を促す必要があるのではないか。

2 機能分化・役割移譲

児童相談所の「介入」機能と「支援」機能の分化が、わかりやすく抜本的な改革の方向性である。ミクロ＝援助レベルでの議論を好む今日の社会福祉学の風潮としてはこの方向よりも、児童相談所職員が介入役割と支援役割をどう使い分けるかとか、介入から支援にどう立ち戻るかといったことに関心が向かっていると思われる（例えば佐々木・田中 二〇一六）。そのような議論や研究は援助技術論的な追求としてもちろん意義のあることだが、研究者コミュニティが総じてミクロレベルの議論にばかり埋没すれば危険である。過重労働で疲弊している都市部の現場職員からすれば、さらに専門性を高めろ、さらに知識や技術を習得する足し算をしろと迫っている点で、児童相談所の組織改革論の外観をもつ体制維持論、あるいは援助技術論の外観をもつ根性論に映る。

機能分化・役割移譲の発想からこれまでなされてきたのが児童相談所内部での機能分化である。これは「支援」機能の外部委託化を含む。しかし山本恒雄が指摘するように「規模の大きい児童相談所や、さまざまな社会資源へのアクセスが良い都市部での工夫としてはある程度、現実的な対策となるとしても、広く全国共通に実現可能な対策とは言い難」い（山本恒 二〇一三：一七〇）。また児童相談所内部での機能分化は第4章で述べたConvention on the Rights of the Child のArticle 9.1 の問題にも対応していない。今日でも「このような特異な対応、特に司法的介入と行政サービスとしての支援機能を単一の機関が強い権限をもって担当するという形は、近代国家としての司法と行政サービスとしては想定しにくい」（山本恒二〇一三：二七〇）といわれている。

機能分化・役割移譲は新しい議論ではない。むしろ「児童相談所の今後」を問う議論においてしばしば検討されてきたアイディアである。二〇年近く前に当時児童相談所職員の安部計彦は児童虐待の深刻化に立ち向かう児童相談所について「現在の人員を倍にするか、業務量を半分にするしか、対応策はない」（安部二〇〇〇：七七）と述べ、「百貨店か、専門店か」という問いを投げかけていた。児童虐待ケースに対応する児童相談所の機能を、「介入的機能」（立入調査、職権一時保護、施設入所など）、「援助的機能」（被虐待児への心理治療、虐待する親への援助など）、「広報・啓発・予防的機能」（関係機関職員研修、ネットワークづくりなど）の三つに分け、児童相談所をすべての機能を十分な人員と専門能力で担う「百貨店」にするか、何らかの役割を他機関に移譲することで残った機能を専門化して果たす「専門店」にするかという問いを投げかけていた。安部は「分離の判断は家庭裁判所」「介入は警察」「児童相談所はケアプラン作りと専門的治療と援助」という方法もあると述べて「援助的機能」を重視していた。この頃、同様に「今後、同一機関による対立覚悟の即時介入とケースワーク的対応の二面性の限界を真剣に検討しなければ、家族と直接処遇職員の精神的負担は増え、家族の拒否的態度を強化する一途となる」（喜多二〇〇二：一八二）という認識が現場にはあった。

児童虐待への社会的関心の高まりに連れてますます児童保護のための強力な「介入的機能」が期待されている。しかし児童相談所職員の専門性が二〇年かけても根本的に改善されたわけではない現況から考えて、親子の人権にかかわる業務を担当することの懸念が解消されたわけではない。しかもそれは人員を倍にしてどうにかなるものでもない。それが今日まさに「児相問題」の言説や児童相談所の疲弊として表出している。

機能分化・役割移譲先の候補としては、まずは警察であろう。児童相談所が児童虐待への対応における機能や権限の一部を警察に委譲し、相談、サービスの提供など支援を全うする機関として徹するという提案がなされてきた。

私は、公的児童福祉機関は、現在の強権的機能、捜査的機能、監視的機能、そして子どもを親から引き離すことのできる機能を返上すべきであると提案してきた。なぜならば機関本来の機能は、児童福祉機関を利用している親たちが望んでいる、広範囲にわたる予防的な援助、サービス、プログラムの提供であるべきだからである。そうなれば児童福祉機関の全予算は、援助と予防に充当されることになる。そして、サービスや援助は、子どもを引き離すと脅迫することなしに、また「児童虐待やネグレクト」だと告発することなしに提供されるだろう（ペルトン 二〇〇六：一六〇－一六一）。

強制力を伴う親子分離は、むしろ児童相談所以外の機関で行うべきであろう。それができる機関として、現状で言えるのは警察である。子どもの人権・命の大切さを言うならば、警察権力で速やかに親子分離を行うべきと考える。強制的分離を行うのは、全て激しい且つ危険な行為を行っているケースなのである。この行為を「犯罪」と呼ばずに「虐待」と呼んでいること事態（ママ）も問題なのである。いまの虐待に対する日本の認識は甘いのではなかろうか（上田 二〇〇七：二一）。

当初の安全確認は警察が実施する、あるいは少なくとも児童相談所が警察に要請すれば、警察が児童相談所に変わって単独で安全確認の任務を遂行できる仕組み作りが早急に必要であるように思う。また、初期の安全確認は往々にして保護者と摩擦が生じることになる。「一体誰が通告したのか」と反感を買い、近隣関係がぎくしゃくするだけでなく、その情報を伝えない児童相談所職員にも怒りが向かうからである。この怒りを抑え、後の保護者の援助に進むまでには相当の労力と時間を要することも少なくない。この反感を仮に初期対応の警察が担えば（警察は後の援助をするわけではない）、後にその連絡を受けて訪問する児童相談所は、子育てに関する福祉的専門機関の役割を強調することによって、よりソフトに保護者とコンタクトをとることが可能になり、ひいては保護者援助が今よりはスムーズに進む可能性も高いのである（津崎哲郎 二〇一〇：三九三）。

児童相談所が本来の「児童福祉のモデル」に回帰するために機能分化・役割移譲するほうが、児童相談所にとっても親子にとっても望ましいことではないか。実際、一一〇番にかければ二四時間対応してくれる警察に児童虐待通告を行う市民も少なくなく、市民の感覚やニーズとしても警察の初期対応を相当に期待されている。また児童相談所職員が保護すべき子どもの親から暴力を受けることはあっても、警察の場合はその可能性は極めて低い。

しかしこうした意見はあったものの、専門職や研究者の間で、一時保護という強力な権限を手放すという議論はいまだ周縁的である。本来のケースワーク的な専門性が発揮しづらくなっているにもかかわらず、当の専門職の側に「この『一時保護』と『措置』を決定できること、これこそが児童相談所の専門性であり、他の相談機関とは大きく異なる点です」（岡崎 二〇一五：一七）という声があるように、もはや強力な権限行使の方が児童相談所の専門性、アイデンティティの中心に食い込んでいる。

現在でも例えば厚労省のワーキンググループにおいて日本の児童相談所の特異性は確認されており、児童相談所のスリム化や機能分化の議論もされているが、機能分化そのものへの消極性や、機能分化の仕方に関する意見の一致の難しさがうかがえる。[1] 児童相談所の現場の声として、初期対応（要するに介入を想定）と支援の機能を分化しない理由には「虐待相談だけではなく、他の相談同様に一貫した支援が可能」「職員の総合的な相談対応力が身につく」などの声があり、機能分化すると「虐待事例を引き継ぐタイミングが難しい」「初期対応・支援に当たる職員それぞれの精神的負担が大きい」などの理由がある。[2] これらの理由が警察への権限移譲等を含む機能分化をどこまで妨げるものか検討する余地があるだろう。

3　警察との情報共有・連携強化

警察への機能分化・役割移譲が抜本的であるために困難であるというなら、警察との情報共有の加速化と更なる連携強化、というのが当面の策になる。この連携強化は（1）児童虐待ケースに関する情報共有、（2）子どもの安全確認時における警察への援助要請、（3）警察と連携した研修等の実施、（4）児童相談所における警察官OB及び現職警察官の配置、（5）要保護児童対策地域協議会における連携促進に分けられる（竹内 二〇一六）。特に情報共有の重要性については今日強く意識されているところである。平成二八年度の参議院厚生労働委員会「児童福祉法等の一部を改正する法律案に対する附帯決議」においては、「児童虐待は刑事事件に発展する危険性を有しており、児童相談所と警察等関係機関が連携した対応を行うことが重要であることから、児童虐待案件に関する情報が漏れなく確実に共有されるよう必要な検討を行うとともに、より緊密かつ的確な情報共有が可能となるよう児童相談所の体制の強化についても検討すること」とある。児童虐待はそれ自体犯罪ではなくあくまで刑事事件に発展する可能性があるという認識ではあるが、警察と児童相談所の情報共有の必要性を確認している。

後藤啓二は近年のわが国の虐待事例を多数参照しながら、虐待死事件を防止するために児童相談所や市町村、警察が情報共有と連携を強化する必要性を説いている（後藤 二〇一六）。連携強化によって家庭訪問の頻度が上がり、警察官が積極的に家庭訪問することで抑止効果が高まることが期待される。

なお、警察との情報共有の加速化と連携強化は、刑事事件化するケースにおいて親子の尊厳を守る意味もある。児童相談所や警察、検察、さらには裁判所において、繰り返しつらい児童虐待の現場状況を供述させられることによって精神的な傷が深まりかねない状況を改善する意味である（和田 二〇一六、ぎょうせい編 二〇一六）。

4　一時保護前の司法審査

これは第4章で述べたものである。司法審査の議論は児童相談所による不当な権利制限を抑止できるという意義（いわゆるブレーキ論）と、児童相談所が行う行政権の行使について裁判所が関与することで行政権行使の正当性が認められるという意義（いわゆるアクセル論）の両面から検討する必要があるとされる（藤田・石倉・大久保二〇一七）。またアクセル論だけでなく、司法審査は機能分化的な意味で現場の軽減負担になる意味もある。第4章の繰り返しになるが、現場からも「一行政福祉機関の努力や工夫では限界がきている。子どもの福祉と権利擁護を実現することが困難であるのは明らかであり、司法が本来、担うべき機能を果たすことが必要である」（久保樹二〇一六：八）といわれているように、司法が自らの役割を果たすことで児童相談所の負担を軽減し、児童相談所が本来の「支援」機能をより発揮できるという意義にも注目すべきである。

二〇一六年度の児童福祉法等の改正では見送られたが、一時保護に対する家庭裁判所などの司法審査導入が議論されているところであり、今後も議論を続ける必要がある。

5　親への支援者の設置

児童相談所以外に親に支援者を置くことも今後いっそう検討されるべきである。第5章では児童相談所の権限行使の制限や機能分化・権限移譲をしないまま可能な策を提示する形で述べたが、機能分化・権限移譲と親への支援者の設置は両立できる策である。児童相談所と対立する親が自らの尊厳に関わることとして要求していることは、治療的・教育的な「支援」を十分に受ける権利というよりも、「介入」によって生じうる危機に対応できる記述と承認の権利である。それはまた養育者としての自信や気力のあり方、支援への向き合い方に影響し、したがってその後の親子関係のあり方にも関わってくるものであろう。

各地の弁護士会が子どもの権利に関する相談窓口を設けている。東京弁護士会の「子どもの人権一一〇番」では親からの相談もあるという。

虐待を疑われて、児童相談所が子どもを不当に保護している等と主張する、いわゆる『虐待親』からの相談もある。この場合、相談を受けた弁護士は、児童相談所の役割や手続きを丁寧に説明し、置かれている状況を整理して、対応をアドバイスする。また、あくまでも子どもの利益を第一に考えて活動するということについて理解が得られれば、必要に応じて、『虐待親』の代理人として、児童相談所と交渉したり、家庭復帰のための環境調整を行ったりして、親子の再統合に向けた活動をすることもある（馬場二〇一六：二七）。

これは親を虐待親と断定した上での懐柔策と解せるが、児童相談所では保障し難い公正な記述と承認の権利が保障されること、児童相談所と親が相互不信に陥って子どもの将来の見通しがつきにくくなる前に家庭環境の調整に入ることで親子の利益に資するとすれば有用であろう。

注

（1）社会保障審議会児童部会社会的養育専門委員会「市町村・都道府県における子ども家庭相談支援体制の強化等に向けたワーキンググループとりまとめの公表について（とりまとめ）」

（2）ＰｗＣコンサルティング合同会社「（平成29年度子ども・子育て支援推進調査研究事業）児童相談所における調査・保護・アセスメント機能と支援マネージメント機能の分化に関する実態把握のための調査研究」

〈対　談〉

児童相談所はどこにむかうのか
―現場専門職との対談―

児童虐待が社会問題として深刻化するにつれ、「支援」という枠組みのなかでときに親に対して対決的な姿勢で親子を引き離すことを迫られる児童相談所はいったいどこに向かっていくのか。筆者は、社会福祉一般の理念を共有しながらも、外側の目をもって児童相談所について考える機会として、児童福祉領域以外のソーシャルワーカーから児童福祉司となったAさんと、一時保護所の児童指導員のBさんと対談を行った。

社会福祉や福祉といっても、ケアワーカー、ケースワーカー、ソーシャルワーカー、ケアマネージャーなどさまざまな専門職がある。また障害者福祉や高齢者福祉といった対象領域や、学校や医療といった現場によっても分けられる。しかし福祉に携わる者として、分野や立場を超えて、実践を通底する理念や姿勢があると思う。現在の児童相談所は、そこから遊離してしまっているのではないか。この対話が児童虐待に対応する児童相談所のあり方についてさまざまな立場の人が考える上での材料となれば幸いである。

1　児童相談所職員Aさんとの対談

篠：児童相談所といってもいろいろなセクションがありまして、また都会と地方でも雰囲気が異なると思うのですが、やはり都会の、特に虐待対応のところでバリバリやってる方の感覚が知りたいと思います。ちなみに僕は何だかんだ言いながら現場経験としてはケースワーカーじゃなくてケアワーカーですので、いろいろ教えて頂けると助かります。

A：まぁ都会ですね。そこの虐待対応やってるところです。

篠：児相はやっぱり忙しいですか。

A：うん、死ぬほど忙しそうなところだと勤務初日に思いました。日々デスクの上に通告ケースの書類が積み上がってます。書類があるだけですっごいストレスになるんです。電話がひっきりなしにかかってくるし、会議に出ないといけないんで、書類が処理できないことがすっごいストレス。しかも書類の処理方法もわかりませんし。

篠：それは、誰か教えてくれないんですか。

A：うーん、聞ける雰囲気ではないですね。

篠：現場ですぐに動けるような内容の研修のないまま現場に駆り出されてしまう。現場の雰囲気は忙しくてピリピリしてるという感じだと。

A：死ぬほど忙しいですからね。現場の雰囲気は、言いにくいですけど、大変ですよ。

篠：丁寧に一件一件ケースをみて子どもの最善の利益を保障するという姿勢でやってはるでしょうから、忙しいというのはそれ自体、丁寧な支援という意味で、問題ですよね。

A：うん。入ったばかりの職員には見えていない部分が多くてわかりません。それを確認するコミュニケーションもできないですし。「それってどういう考えで判断したの？」とほかの職員に聞くというのがもうタブーな感じで。
篠：えらいしんどいですね。
A：ええ。丁寧な、という以前にそもそも支援しようという感じで現場が回ってませんので。さばいてもさばいても次がきます。
篠：最近はそんな感じでしょうね。専門誌の記事なんかでも、現場の声としてかなり切実な感じで書かれてますし。でも支援って発想がなくなったらもうケースワーカーとしてのアイデンティティもないでしょう。
A：支援って感じがしたのは児童心理司さんが面接に同席したときで、そのときは「あぁ支援してる」って思いましたね。それもケースワーカーが決めたケースの方針に乗って、あくまでそのなかでやってる面接なので、心理司さんもやりにくそうでしたけど。
篠：児童福祉司がレールを敷いた上で他の職員が仕事するという慣習で、肝心の児童福祉司があまり支援の発想で当事者と関わらないとなるとやりにくいでしょうね。まあ児童福祉司の役割が複雑なんですよ。
A：ええ。子どもの養育環境やその背景を十分に吟味しないまま、すでに得られている情報で決め打ちしている感じですね。しかもそれが重大な判断で、一時保護するかどうか、場合によっては女の子が出産するかしないかまで、決められることがありますんで。
篠：やばいですね。出産するかどうかをコントロールする場合があるってのは。
A：記録上、きちんと本人の意思を確認したとか、同意の上だとかを正当に説明できる体裁は整えますけど、妊娠の話が出た時点で、なんとか中絶の方向にもっていく、というより、専門機関に繋ぐとか、すでにそういう手続きをとってました。その手続き自体は、いろんな可能性があるから、見通して迅速に対応しているという意味では支援的なのかもしれませんけど、その当の職員は「産みたいって言われたら私困るわぁ」と言ってたんで、あぁ、かなりコントロールしているなと思いましたね。

篠：それは、その子の利益というより、素朴に職員が困るとか、女の子のほうも出産したらいろいろ大変やろと、そういう感覚から中絶のほうに向かわせているような、言いにくいですが、あんまり熟考して出た方針ではないような気がしますね。

A：産む、ってなったときの支援は大変だと思いますよ。でも、なんといいますか、例えばもし障害者福祉の関係者とか医療福祉の関係者だったら、産みたいっていえば、そのほうが支援が大変だとしても、産む方向で進める気がしますけど。

篠：基本的には産むのが自然だし、大事な話なので、本人の意向をきちんと確認して、それに沿って検討するでしょうね。

A：でしょ。すごいと思いました。

篠：一口に福祉の専門職とか、ケースワーカーといっても、児相と他のだと、意見といいますか、望むところが異なるってことですかね。

A：まぁ産むってなったら病院とかとも連携しないといけないと思いますけど、児相は連携、連携という割に、普段からけっこう上から目線で何だかんだ孤立しているといいますか、そこまで他機関と協力という感じがしないので、支援のためのネットワークが広がっていくような展開が苦手なのかもしれませんね。みんなで頭ひねってじっくり考えていくという、熟議というか、議論がそもそも苦手なのかもしれません。

篠：それはやっぱり、福祉機関としての自意識が薄れてきているのと、多忙のあまり、じっくり丁寧にというのが難しいってことかもしれませんね。でもそれを言い訳にして簡単に中絶にもっていかれたらたまらんのですけど。

まぁ、それも、その女の子本人が本当に納得してるならいいのかもしれませんが。

A：そうですね。

篠：児相が連携、連携という割には孤立している、というのに関してですが、市町村と児相の関係はドラえもんの、のび太とジャイアンの関係だっていう記事を思い出しました。あと、他の機関が児相の介入を求めているのに児相が渋る的な話はまぁよく出てきます。

A：「命の危険は?」というレベルで検討する場面が何度かありました。

篠：児相は強い権限をもっていますから、よほどのケースじゃない限り、動くことに慎重になるのはいいと思うんですよ。よほどのケースかどうなのかが関心事になっているんでしょう。でも、児童福祉司のうち重大な判断をするポジションの人は福祉を専門的に学んだとか、それまでのキャリアでいろんな福祉関係の部署にいたわけでしょう。何かこう、支援を行うのが本分の専門職として葛藤というか、そういうのはあるでしょう。

A：子どもに関する知識はすごくありますけど、それは子どもの最善の利益とか支援というよりは、児童保護のための知識という感じになっていて、児童福祉のプロというよりは児童保護のプロという感じですね。法律の執行者としての知識。この辺は現場にいたらよくわかります。支援レベルやと市町村に振る、だから児相はもはや支援の機関ではない、って感じで割り切っています。

篠：それはまずいんじゃないですかね。業務上必要とはいえ、福祉の専門性を戦略的な次元に求めて本質化している気がします。それも統治権力が、市民相手に統治行為として。タテマエでも、保護は支援のための一段階というか、手段でしょう。いくらタテマエとはいっても、あまり赤裸々に転倒されると。

A：でも実際、そんな感じです。

篠：専門職には一般に、知識、技術、価値の三つが揃ってないとだめで、社会福祉はどうも価値の部分が弱いですから、知識も技術も、あまり目的的ではないところに向かって発揮されてしまう、そんな感じがしますね。
A：あ、でも、価値はかえって強く感じますね。
篠：そうでしょうか。といいますと。
A：現場でよく正義という言葉がでるんで。
篠：正義ですか。ソーシャルワーク論でいう社会正義ですかね。
A：現場でしんどそうにしている職員、凹んでいる職員に対して「でも正義のためですよね？」とか言ってますよ。
篠：その正義というのはどういう意味なんでしょうね。一般に警察とか法曹といった立場では、法の価値として正義を観念します。さっきおっしゃった、法の執行者としての専門性と関わるのかなと思いますが、要するに、法律に則って、抽象的次元で公正に処理しているのだから正義だと、そういう感覚なのでしょうかね。それは、ソーシャルワークの価値としては、何だか異質のように思えますが。
A：異質だとは思っていないと思います。それが福祉だとされている感じですね。それに現場では、指導という言葉を使うことにためらいがないですね、正義なので。
篠：うーん。厳しい福祉労働現場の統制というか、マネジメント的な観点から正義という価値を用いているように思われます。ブラック企業が愛だの感謝だのいうのと同じで。
A：あそこでいう正義って言葉には違和感ありますね。
篠：正義の倫理とケアの倫理みたいな話になりますけど、子どもの最善の利益というと、これは善ですから、児童相談所の本業は正義というよりケアの倫理に近いはずです。まぁ支援＝ケアって感じですね。親子の個別の事情をみて、信頼関係が生まれるくらいいろいろ関わって試行錯誤してベストを目指せ、というのが支援＝ケアでしょう。日本の法律というのは、伝統的に行政の裁量が広くなるように記述される傾向があります。児相の権力行使を規定している児童福祉法というのは、あれをしろ、これはするなといろいろ書いていますが、大筋としては子どもの最善の利益のためにいろいろそういう規定を柔軟に使って調整していけというアート的、ケア的なもので駆動しています。正義というなら、虐待という子どもの危機に着目し、そのために「親と子」の権力の非対称性に着目しつつも、それはさらに「家庭と社会」という上位の構造レベルの問題として貧困なり社会的排除なり性別役割なりに結びついていて、そういういくつかの不正義の結節点として虐待が表出するのであって、本来あるべき家庭、あったはずの家庭に回復するために俺たちは行くんだと、そういう補充性とか回復性という意味での正義なら支援のスタンスとしてわかります。でも現場では、とりわけ暴力事件としての児童虐待の事実性とか、子どもの保護の必要性とか、そういう警察的な初期対応に関心が向けられて、そこに正義の意味が回収されてしまうわけですね。しかし児童福祉司のなかにも、児童虐待一色になる一九九〇年代よりも前から児童相談所に勤めているベテランの人とか、他の福祉関係の部署から来た人は、同じ福祉専門職としての感覚から今の児童相談所は価値意識として異質だと感じているはずですよね。

A：それはそうですね。ベテランの人は、今はもう管理職レベルで、介入色が強くなってきていることに抵抗を覚える時期もあったとは言ってましたよ。やっぱり親の育ちとか、親の環境を考えて支援してきたのが、今はこうなので、葛藤を覚えることもあったと。でもまぁ公務員ですし、時代の流れに乗るしかないってなっています。

篠：いま第一線で、重大な判断をするポジションの三〇代くらいの職員だと、児童虐待一色の児童相談所になってから配属された人もいるので、そういう場合には今の児相の特異さというか、福祉の専門職としておかしいという気がしないでしょうね。

A：迷いがあるようには見えないですね。でも、福祉系の学校を出ていると聞いているんですけど。やっぱりいきなり児童相談所で、という人はケースをさばいていく感じで、いま言ってた、同じ福祉でも他の領域から来た人なんかは、揺らぐ傾向はあるかもしれませんけど。さばいていく指導者は、新人教育では、指示通りにしなさい、考えるな、という姿勢で教えているように見えました。それは、すごいなと思います。そりゃあ、新人は兵隊になって、しかもそれが福祉の仕事やと思って育っていくでしょう。

篠：指示されたこと以外は考えるなというのは…。職場の雰囲気がピリピリしてて、忙しくて、軍隊式で。「児童保護のプロ」ってのも、これがなかなか、味わい深い言葉ですね。

A：軍隊ですね。いろいろ福祉の仕事をやってきましたが、考えずに動けといわれたのは児相が初めてです。

篠：子どもを保護するときというのは、チーム組んで、うまいこと子どもを車に乗せたりするわけですから、そういう役割として、忠実に任務を遂行する兵隊のごとく、あえて感覚が麻痺したようにしとかないと、つらくてメンタルがもたないような、そういう環境にあるのかもしれませんね。次から次へと来る仕事を必死にさばくわけですから。専門誌とかでもよく「野戦病院だと揶揄される」とか書いてますね。福祉警察とか野戦病院とか、いろいろ言われて大変ですね。

A：チームを組んで、というよりやっぱり軍隊っていうのが合ってるくらいですけど、やっぱり感覚を麻痺させるのは難しいと思いますよ。無理矢理子どもを連れていくときの叫び声とか、今でもウッ…てなって、つらいし、言葉にできないくらいしんどいです。

篠：あぁ。

A：自分自身の傷というより子どもの受けた傷をそのままこっちも受ける感じで、それはなかったことにはできませんし、子どもにつらいことをしているわけですから、そういうところは麻痺してもだめですよね。

篠：そうですね。

A：すごい人数の大人が、子どもをどう保護するか作戦たてて、その時点でおかしい状況だと思いますけど、それで作戦通り、スタンバイしてて、子どもを取り囲んで、泣き叫んでも連れていく。そういうのを思い出すだけでも吐きそうですし。子どもも普通に生きててそんな経験なんかしないはずですし。

篠：そりゃそうです。そういうのを、揺らがずに自分自身で納得させて続けるためには、それが正義だと自分に言い聞かせるってのもわかります。

A：無理矢理子どもを引き離すときも、長期的にみればあなたのためですよ、という理屈なんでしょうけど、本当にそれがどうしても必要なのか、十分な考えがあってやっているのか、上司がちゃんと話し合ったり考えたりしてる過程や、根拠を知らされないまま、兵隊として子どもを保護しに行かされますので。

篠：「この戦争の何が正しいのか、ホンマはようわからんけど、お国のためや、行くで！」みたいな。

A：そう。兵隊に指示する人が本当に一個一個子どものことを考えて判断しているのか、疑問に思うこともありますよ。助言しました、指導しました、したけどこうでした、という記録を残すための面接って感じですし、たかだか5分程度の立ち話で得た情報をケース記録として残して、それが資料として用いられるのはちょっと危ういなと思います。

篠：最善の利益を目指した対人援助というよりも、抽象化された情報の中で無難な判断を行うような感じで、人間の記号化が起こっているような気がします。

A：いま情報って言ってましたけど、情報というより印象ですね。特に親に対する印象はいい加減なところもあって、ちょっと不機嫌にしているだけで「あの人は変な人」となって、それを上司にそのまま報告したり。

篠：一方的に書いたり話したりできるというのは恐ろしいことです。児童虐待が疑われるケースでは、やっぱり親からしたら知らないところで虐待の物語ができていくわけですから。児相が実際に悪意で決めつけをしたり安易な親子引き離しをしているかどうかはともかく、制度設計上、また実務上は可能なわけですから。個人的には児相に何の恨みもないですけど、しかし児相だから、福祉はいいことをやってるからという思いで行政権力の無謬性を信じるというのでは、もう研究者も専門職も失格ですから。

A：実際、手順に不安を覚えることもありますしね。通告があって、児相が関係機関に情報収集をして、所内の会議でだいたいの親イメージを描いて、訪問したらこういうことを確認して、こういう感じなら保護で、こういう感じなら市町村に振って、というところをだいたい決めた上で親の所にいきます。そのとき学校や保育所の情報と親の情報が不一致だと、そりゃ、関係機関を信用してしまうことになりますよ。親を疑っても、関係機関を疑うということはないですし、親に関する記述も書くけど、その内容を書いて文書化すると、どうしても単純で稚拙な内容になりがちで、詳細に記録する関係機関側の記述と比べると、説得力というか、正当性に差が出てしまいます。

篠：そういうのを考えると、連携とか連絡調整というのはいろいろと難しい言葉ですね。

A：自由に一方的に書くといえば、「この人ニーズのある人なんで」という表現を使います。

篠：なんですかそれは。

A：「あの人ニーズのある人なんで大丈夫です」みたいな感じです。要は、自分で困って相談に来ている人を指していて、ややこしい親じゃない場合に使われます。

篠：「ニーズがある」というのは養護相談ニーズということですね、しかし「ややこしい親じゃない」というのは、関係がよくわかりませんが。

A：それもそうですし、相談ニーズがある人、といってしまうと、それ以外の人は「ニーズがない」と言っているのと同じでは、と思ってしまいますね。

篠：表明されたものだけがニーズなのであって、こっちから介入する場合にはニーズがないということになると、真意とか、表明されないながらも保障しなければならない利益とか、将来像とか、そういうものが軽視されるような気がします。

A：そういうふうに言われると、ワーカーとしてはそりゃ「教科書に書いてあるし、表明されない、潜在的なニーズだってあるって思ってるよ」と、もちろん返してくるとは思いますけど、でも実際に現場でやるその態度にはそういう慎重さがないといいますか、うーん、少なくとも、そういう風にさせてしまう環境って怖いなとは思います。

篠：思いますね。

A：ワーカーが育たないだろうな、と。けっこう思うのは、「人間ってもちろん社会通念というか、筋書き通りの人生を生きますよね？」という前提でコミュニケーションをとっている職員がいて、普通じゃないと思ったらすぐに「障害が疑われる」とか書くので。

篠：うーん。いわば普通に生きてこなかった人がわんさか仕事の対象になるわけでしょ。福祉なんですから。そういうのは養成校の課題ですね。それはそれとして、ケースワーカーがたかだか数分、玄関先で垣間みた一側面をその人の本質であるかのように捉えてしまうというのは、福祉というより、普通に対人関係としてまずいですよ。

A：まぁ、怖いですね。特に、面前ＤＶが心理的虐待として通告対象となってからは警察からの文書通告が増えまして、とりあえず訪問して、面前ＤＶは心理的虐待で、お子さんにとってもよくないですよという、通り一遍の指導をして、お母さんに相談機関のパンフレットを置いていくみたいな。そういうのが、作業的に行われている感じです。

篠：作業的ですか。

A：作業的な態度なので、ＤＶを受けてるお母さんが「もういいです、大丈夫です」といって支援から距離をとろうとすると、帰り道に「だったら警察に通報するなよな」と悪態をつく職員がいます。そういうのは、ケースワーカーとしてはじめは信じられませんでした。ＤＶを受けている女性に対する理解のなさ、冷たさは感じますね。

篠：うーん。それに、児相からしたら被害女性でも、子どもに焦点化すると、母親は加害者と共犯関係というか、子どもにとってよくない養育環境を与えているという意味が生じて、厳しい眼差しになりがちですしね。

A：そうそう。それで、父親による娘への性的虐待を見逃していた、というより恐怖で声を上げられず守ってあげられなかったという母親に対する児相の眼差しってのは結構厳しいものがありますね。面前ＤＶケースでは、母親も子どもも酷い目にあっていて、そのなかで何とかお互いかばい合うようにして一日一日をサバイヴしているというような、そういう図が浮かぶはずというか、想像力をもつはずで、支援をしていくなかで重要だと思うんですけど。しかし面前ＤＶケースという情報が入った時点で、抽象的な物語の筋書きのようなものが用意されてて、それこそいま言ってたみたいに記号化された人間って感じのまま、処理していく感じですね。だから児相が単独でやるより女性関係の相談機関と連携してやったほうがいいんですけど、児相は孤立していて、というか自分のところの権限で対応しようとする場合、お母さんが孤立無援のままのときもあります。

篠：親を放置したり、無縁状態にしておくというのは本末転倒で、非常に悲しい話です。児童虐待といっても、家庭によっては貧困とかＤＶとかが関わっているわけで、生活保護ケースワーカーとか、婦人相談員とか、そういう他の専門職の経験や視点が、そもそも児童福祉司の通常業務として必要なわけですね。それも、わかっちゃいるけど忙しいから仕方ないよねってことでしょうか。

A：児相は個人としてはともかく組織としては限界を感じていないような気がします。謎の万能感ですね。自分たちの立ち位置でいけばお母さんへのケアが薄くなるので女性関係の機関と連携すればいいのに、自分たちで公正に処理できるという万能感。「これは誰々の仕事でしょ」といって他の機関にものをいうことはあっても、教えてほしいとか、この親子の支援のために一緒に考えて、手伝って、というような依頼する姿勢は弱いですね。もっとも、女性相談を入れると、葛藤が生まれて、統率が乱れると思いますけど。

篠：軍隊で、揺らぐ力が起こると、ブレてしまっていけないですからね。
A：それに本当に連携強化すると、仕事が増えるかもしれませんし。
篠：もともと児童相談所が相談所としての業務を中心としていたときには、要するに親からの相談を中心としていて、子どものためとはいえとりあえず親が仕事の対象であって、協働的に子どもの養育環境を保障するという発想でしたが、児童虐待の深刻化によって、親は対立する、悪く言えば敵になったわけです。そうすると、子どものためというタテマエはずっと残っていますけれども、誰に対する支援をしている感覚をもっているのか。もう同じことの繰り返しですみませんが、支援の感覚が薄まっている。
A：そうですね。
篠：親と協働的に行う支援だと、安定した生活環境を子どもに与えられたとか、はっきりと目に見えなくても何かこの人間社会に大事なものを生み出しているという感覚も持てて、それを糧に仕事を続けていけるかもしれませんが、支援というマインドが薄くなると、エネルギーを燃やしても補給されないので、つらいですよね。その代わりに、警察官になって正義を描いて、それをやりがいにするのもなんだかつらい。
A：ええ。30年くらいやってるベテランの人は、在りし日のというか、昔の児相がやってきた支援の面影を今の業務に重ねて、この強権的なしんどい仕事も中長期的には親子にとってよかったといえるような、支援としての意味をもつような、そういう感覚をなんとか持ち続けているのかもしれません。あれもこれも支援の一つなんだと位置づけることで、支援者としてのやりがいをもつことができるかもしれません。でも、そういう世代じゃない今の中堅職員というか、強権的であることに抵抗感の薄い職員は、支援というより、秩序のためというか、そういう意味での正義をやりがいにするんでしょう。
篠：何をやりがいにしてるかというのは、単に仕事の主観的な意味づけだけじゃなくて、支援現場の雰囲気、実態も変えてしまうもので、大事なところですね。目的を見据えて、支援の発想で一貫していないと、強権的にいかなくてもいいところで強権的になるだけじゃなくて、逆に踏み込まなあかんところで踏み込めないこともあるでしょう。

A：そう。よくありがちな医療ネグレクトのケースで、親が子どもの治療を拒否しているという相談が病院から児相にありまして。病院としては、子どものために、親権停止も含めて何か方法を一緒に考えてほしいというわけですが、児相としては「それで子どもの命にかかわるんですか？」「もし強く介入しなければどうなるのですか？」というような質問をしていくわけです。病院のほうは「生命の危機はないですが」という言い方をしたんです。そこで児相のほうでいろいろと検討したのですが、私としては、死にはしなくてもこの先に障害が残ったり、得られたはずの能力とか人生のチャンスとか、いろんな点から考えたとき、生命の危機はないという理由で不介入にするのはどうかと言ったんです。しかし児相の組織としてはあれこれ通知の文言とかがありまして、要するに病院とは考え方が違うんだ、となりました。

篠：その判断が結果的によかったかどうかはともかく、視点として、介入の可否の判断が前面化しているので、子どもの最善の利益のための支援の視点が後景化されるんですね。

A：うん。ついでに言っておきますと、親支援プログラムの意義も検討の余地がありますよ。横文字だらけで何か先進的な取り組みなのかもしれませんが。

篠：そういう技術が社会資源として有用で、その資源に繋げるという意味でケースワーク的な意義があるっていうならわかりますけど、治療的、教育的なプログラムを自分のメインの仕事としてケースワーカーが担うような流れとなると違和感があるかもしれませんね。

A：うん。学問的なものが現場に影響してるかはわかりませんけど、児相は親の支援をきちんとやってんのか？と責められたときに、やってますというのを説明できる状態を作っておきたいというような感じもします。

篠：ええ、児相も大変ですね、いろいろ。

A：ただでさえ指導的な関わりが苦痛なのに、治療を支援として読み替えてるわけです。あと、ケースで何をもってして親をプログラムの対象として選定しているのかもよくわかりません。でもそれを親の支援として位置づけているわけです。それこそ従順な「ニーズのある親」が選ばれてるのかもしれませんけど。

篠：なるほど。

A：やっぱり親支援は親と対立してない前提じゃないと難しいですよ、当たり前ですけど。

篠：初期対応からして、マイナスからのスタートですからね。僕は初期対応を警察に任せたほうがいいと考えています。なるべくみんなが納得するとなると、やっぱり警察ってのが一番筋がいいんじゃないかと思います。

A：そうですね。「警察からの文書通告がありまして」と親にいうと、やっぱりその警察という響きは強くて、穏便に、というか従順に面談予約がとれる。逆に言っておかないと「そんな面談とか行きたくないし。この電話で済まないんですか」と食い下がられます。

篠：何でしょうねその親の心境。

A：協力しなければ、捕まる的な？

篠：捕まらんでしょう、むしろ親子を引き離せる児相の方が強いのに。

A：でも警察の方が怖いんでしょうね。そういえば、警察だって福祉寄りになっている。情報収集先に市町村とかが入っていて、詳細な資料を作成して、それが児相に届くんですけど、その資料が非常によくできています。ケースワーク的な技術はないけど、客観的な事実関係をきちんと記述しています。

篠：ケースワークはなんぼ言っても支援ですから、支援に繋がるような要所要所を記述に含めるという意味で、感覚的なものをどうしても入れることになるのかもしれませんけど、親子の権利を制限に関わるような場合の判断材料になると怖いでしょうね。

A：チェック機能も弱い、というかないんじゃないですか。もう初期対応を警察がやればいいのにって思うこともありますね、やっぱり。

篠：学界でも、言ってる人はいるんですよ結構。初期対応、せめて調査から一時保護までの判断はもう警察がやってもいいと思います。大阪のほうでは警察がアセスメント表みたいなのをつくって、通告基準にしてますけど、虐待ケースで要保護性の判断は警察でもできると思うんですよ。

A：その方が児相も楽になれますしね。

2　一時保護所職員Bさんとの対談

一時保護所と児童相談所との関係や双方の役割について、一時保護所のBさんと対談を行った。

篠：一時保護所というのは、第一には子どもの保護ですけど、入っている子どもに対しては生活支援を行うわけで、ケアワークですよね。

B：そうですね。一時保護所というのは子どもの安全を保障する場であって、その上で一人ひとりの事情を把握して、生活支援をやっています。一人ひとりとはいえ、集団生活をする場所なんで、例えばほかの子どもに悪影響を及ぼす可能性のある子どもなんかは特に個別的に対応します。

篠：児童相談所の職員とはどのような関係をもっているのでしょうか。

B：児相との関わりとしては、私は児童指導員として、入所時の記録の情報を踏まえて生活支援をするわけですが、入所している一人ひとりの子どもの背景をみてケース記録を作って、これを通して児相のケースワーカーさんに繋げるというのが仕事です。

篠：なるほど。児童相談所のケースワーカーに繋ぐ。「繋ぐ」と一口にいいますが、児相のケースワークに影響を与える一保の機能や役割というのは大きなテーマだと思います。

B：子どもの頃の生活環境を操作するというのは、その後の人生に影響する大きい判断だと思います。そういう重大な判断をするだけの専門性を児童福祉司は求められていると思います。でもそこは親も含めて、家族関係の調整というか、そこを含めて子どもの最善の利益のための判断をするのが仕事ですから、一保もそこに関わっています。

篠：そうですね。やっぱり養育環境を調えるというのは、余力があれば、というのではなくて、メインの業務だと思います。そこに一保が関わるわけですが、どういうスタンスでいくのでしょうか。

B：子どもは十中八九「家に帰りたい」っていうんです。お子さんが朝方起きて一言目に私に「ママ！」って叫ぶんです。「そりゃ帰りたいわなぁ」と思います。なんぼ言っても、ほとんどの子どもは家に帰りたいですよ。

篠：やっぱり家庭ですよね。

B：無断退出した子が、雨が降って困って保護所の裏でうずくまって見つかりまして、まあ、子どもは怒られるわけですが、職員のなかにはけっこう内心「なんで家の方向に走って帰らへんねん！ せっかくのチャンスやのに！」と思ってる人がいますよ。家に帰りたいのは当たり前ですし、そんなのはこっちもわかってますから。

篠：まあ、言えないでしょうけど。

B：「一保から逃げる夢を見た！」といって共通の話題にしてた女の子がいましたね。内容も、一保の職員が包丁を持って追いかけてくるんだと。夢というのは子どもの記憶とか潜在的な思いが立ちあらわれてくるものだと思うので、メッセージ性があると思います。
篠：確かにそういう夢は、偶然のようで、必然のような気がして、なんとも深いものがありますね。
B：私たち一保の職員は子どものためを思って子どもの安全な生活環境を保障しながら、子どもの様子観察をしているわけですが、やっぱり子どもからしたら一保の環境がベストだなんて思えないわけで、私たちも自覚的なもの以外に、無自覚なところでいろんな権力を行使しているんだなぁと思いました。包丁をもって追いかけるような、いわば殺人的な、そういうイメージとして子どもの中に残るような。
篠：温かい家に帰るという場面じゃなくて、怖い保護所から逃げるという場面なのがこれまたダイレクトで、つらいですね。
B：ですから、ほとんどの子どもにとって家庭が大事ってのはみんな嫌というほどわかっていまして、児相のケースワークというのも、それに繋がる私たちの仕事も、これは必然的に家族支援に関係しているはずだと、そう思います。
篠：児童相談所の介入的ケースワークの視点と別ものみたいな位置づけで、乳児院や児童養護施設など施設の側にファミリーソーシャルワークがありますけど、子どもの最善の利益として考えればこれは全員がもっているはずなんですよね。
B：はい。児相も大変なのはわかりますけど、こっちからしたらもどかしい場合があります。一時保護所から出た後の子どもがどこに行っているかわからない場合があるんで、そういう場合、児相の判断がうまくいっているかどうかわかりません。面接の記録なんか見ていても、ケースワーカーさんが子どもに対してする質問も、「こんな質問で子どものことがどれだけわかるのか」と疑問に思うこともありますけど。
篠：ケースワーカーの視点や考え方に対して、ちょっと違うと感じることは、もちろんあるほうが健全ですよね。立場が違うわけですから。むしろ問題なのは、折衝を恐れて、連携とかチームワークという概念に寄りかかって仲良しクラブになったり、粛々と予定調和的、事務手続き的なネットワーキングになったりしないかってとこですから。

B：一時保護所の所長としてはきっちり意見を出します。生活支援をしている側からいえば、こうするのがいいんじゃないかって。

篠：結構具体的な提案とかをするんですね。

B：ただ、ケースワーカーさんは親と面接したり、子どもと面接したりしていますが、措置をどうするかという感じで、じっくり家族の養育機能を回復させようという感じではないので、そこは複雑ですね。

篠：児相がやっていることは、子どもの行き先、今後の生活環境を操作するという非常に難しくて重大な影響をもつことなんですが、その判断に際しては、一つひとつの段取りがリスク回避的な視点で行われていて、そこに神経を使っている感じはありますね。

B：最善を目指すんであれば、リスク回避だけでなくて、親子の繋がりに注目して、積極的に働きかける必要がありますし、そのために一保と児相はもっと情報交換等で歩み寄る必要がありますよ。すぐに会えて、話し合えればいいですけど。

篠：なるほど。文書で繋がっているだけではなくて、物理的、心理的距離も大事ですね。

B：日々の子どもの様子や出来事を直で児相職員に伝えることができないところがありますので。細かい話ですけど、記録をとったって、書いた職員本人に聞くのと、書いたものを読むだけなのとではまったく意味が異なります。

篠：はいはい。

B：子どもの様子とか、表情や雰囲気も、こっちが身振り手振りで話していくなかで目の前の子どもの像が立体的に出来上がっていくわけで、だから事例検討会が大事なんです。みんなで質問したり話し合っていくなかで、子どものいろんな側面や子どもの観察の仕方を知っていく、そしてそれを共有していくというのが必要なんです。
篠：実際は児相の人とは、なかなかそこまではできない。
B：児相は忙しくて、難しいようなので。でも子どもの一生がかかってますから、忙しいを理由にしてはいけないと思いますよ。
篠：そうですね。それはケースワーク的に必要なことです。それは必要なことなんで。
B：生活保護のケースワーカーさんなんかは、業務の性質からして、もっと本人と継続的に関わってケースワークをするでしょうね。福祉事務所から一保にきた職員さんがいまして、その方の話を聞いていますと、どうやら一保のなかにはまだまだ親に対する敬意が足りていない人もいるんじゃないか、と思いました。いくら養育できてないとはいえ、自分より年上で社会経験のある人もいますし、まあとにかくいろんな人がいますよね。
篠：そこに対する敬意がないと。
B：ええ。その点では児相のケースワーカーさんも同じですね。ケースワーカーさんは、関わり方として指導という意味合いが強くて、責任を負っているのは間違いないですが、優越感というか、万能感をもっているように感じられました。
篠：実際権限がありますし、そういう感覚になるのかもしれませんけど、よくないですね。
B：でも一保にしても、世間一般にしても、児相のほうに万能感をもたせている側面はあると思いますよ。
篠：確かに、児相にそれを要求していますね。
B：「児相が子どもを護るんだ」という強い意識、正義感を持たせていますよ。
篠：措置が重大な権限であって、責任であって、業務の中心であって、このためにケースワーク的手法が手段としてあるかのように思われがちなんですが、本来の福祉の発想は逆で、ケースワークが本分で措置が手段ですよ。

B：そうですよ。だからこういう児童虐待とか難しい問題が出てきた時代こそ、権限のある児相のケースワーカーさんなんかは、社会福祉学科を出た、きちんと社会福祉教育を受けて支援の姿勢で関われる専門職がやらないといけないんですけど。

篠：専門性だけじゃなくて、余裕というか、意欲というか、精神論的なものも持ちにくい時代ですしね。児相は大変だ、3Kだ、燃え尽きるぞというイメージがあって、あながち間違ってもいないし…。

B：昔はケースワーカーのほうがもっと一保での子どもの暮らしについて積極的に聞いてきたそうです。そういう時代があったようですね。児相から一保に、一保で書いたケース記録の細かい内容とか子どもの実際の様子について一保に問い合わせがあって、会って打ち合わせをしたいから無理を言って悪いけど10分でも20分でもいいから早く職場に来てケースワーカーと会って教えてくれませんか？ って言ってくるぐらいの、児相側のモチベーションがあったということです。

篠：そうなんですね。

B：それは子どものためやからという意欲があったし、時間もあったんだと思います。一保としても、子どものために、子どもの様子を児相にも伝える必要があるからということで、一〇分でも二〇分でも早く出勤してケースワーカーに伝えてたと。そういう歩み寄りがどうやら昔はあった。でも今は、そういう関係ではなくなっていますね。

篠：それは、うーん、くどいようですが、忙しいからってことなんでしょうかね。

B：忙しいからということで、信じたいですね。

篠：忙しいから、ということにしておいたほうがいいか。

B：いまは、一保の職員と児相のケースワーカーが仲が悪いなんて場合に、一保に関わりたくないという児相のケースワーカーがいると聞きました。

篠：それは子どもにとってマイナスになりかねない。

B：子どもは大人の力とか、力関係に自覚的というか、敏感ですが、無力なので。たまにケースワーカーさんに対して明らかに諦めたような態度をとっている子もいますし。

篠：諦めですか。

B：もう何を言っても無駄だ、無力だから、お前たちが全部勝手にきめろという感じで。これはみてて、つらい気持ちがわきますね。

篠：なるほど。

B：寝食をともにしているわけでもない、同じような、面白くない質問を淡々としているようなワーカーなら特に。お前は女の子のどこを触ったんだ、指は入れたのかとかね。

篠：質問の内容自体が面白くないですから、工夫といいますか、技術がいりますね。

B：女の子が人恋しさで夜の繁華街に出て、よくわからない男と出会ってセックスして一保に入って来まして、ワーカーはその子に「見知らぬ男とセックスしちゃいけないよ」とか「病気になっちゃうよ」みたいなこと言ってるんです。

篠：あまり届きそうにない。典型的ですね。

B：ええ、よくあるやつです。性教育とか、ＳＮＳの怖さとか、とにかく啓発ＤＶＤみたいなほうに繋げようとする。そんなのは入っていかない。家でも地域でも孤立してて、何をしてても退屈で、誰かといたいんだから。実際その子はそう発言していたんですから。

篠：うーん。

B：私としては、その子にじっくりと経緯を聞きながら、男から避妊しないでほしいと言われたとか、今回は妊娠はしていないという話になったので、あなたにはいろんな権利や選択肢があるんだよという文脈の中で、相手の語彙力とか世界観に合わせて、なるべくわかるように言うわけです。「三大欲求ゆうてな、淋しくてセックスしたけりゃせなしゃあないな、でも、赤ちゃんほしくないなら避妊するわな。コンドーム知ってるか？ 生でしたかったらドン・キホーテでいまごっつい薄いの売ってるやろ、てか自分しょっちゅうドン・キホーテいってたやろ」って言いましてね。ほなその子が、「しってるー、めっちゃあったー」とかいうから、「そういうのも知ってるかどうかで後々の生活がごっつい変わってくるからな」って感じで言いますけどね。

篠：これは役人的な気質ではやりにくい話でしょうね。

B：でしょうね。「自分、いつか、一八とかで一保とか施設とか出るやろ、難波に出たら刺激いっぱいあるで、イケメンいっぱいおるで、刺激とどう付き合うかやな」って。

篠：ケアと教育は一体ですね。

B：一保にもおかしいところはありますよ。職員は子どもに「友だちをつくるための施設じゃありません」っていうんです。そのとき「は？」ってなったんです。でも一緒に暮らして、仲良くなると、友だちって感覚をもつのは自然なことではないでしょうか。

篠：子どもからしたら今いる空間を大人がどう意味づけているかなんて知ったこっちゃないですしね。

B：そうですよ。「〇〇ちゃん、ちょっときてー、大事な話があるの」って子どもを連れていくと、それでそのまま退所です。ほかの子たちにさよならをいうこともできないまま。そしたらほかの子どもたちは「〇〇くんどこいったん、かえったん？」って聞いてくる。

篠：なんだかつらいですね。

B：そしたら職員のなかには無表情で「はいそういうこと言わない」みたいな感じで対応します。なぜなら、友だちをつくる施設じゃないからでしょう。
篠：妙な話ですね。大人でもよくわからない、行政上の特殊な意味づけがたくさん入り混じっている社会空間ですね。
Ｂ：でもなんにせよ、子どもはケースワーカーのことを信じているんですよ。信じているというのは、権限のあるケースワーカーさんが安心できる家庭に戻してくれるって。少なくともうちの一保では子どもに「ケースワーカーさんに情報を伝えて、君が今後どこにいくか決めてもらうからね」という段取りを正直に言いますからね。
篠：そうなんですか。へえ。まあ、事態がきちんと動いていることとか、大人がきちんと子どものことを考えているということとかを示す上ではいいかもしれませんね。それに子どもの意見表明権という点でいうと、それも実際に誰に意見表明すれば実質的に意味があるのか、子どもはわからないですからね。
Ｂ：私たちも、ケースワーカーの多忙さはいやというほどしっているし、それゆえにあまりきちんとした情報をもたないまま判断しているということも、うっすらわかっている。言わないけど。でも子どもだって本当は言いたいことがたくさんある。だから、一保としても、ケースワーカーとの関わり方について、限られた時間でかなり対策を練っているんです。
篠：なるほど。
Ｂ：子どもがケースワーカーさんと話すときに向けて、「こういうときはこう答えるのよ」と子どもに言います。あんまり子どもに指導すると酷ですけど、時間がないなかでケースワーカーに意見を明瞭に伝えるためには、仕方ないかなと。施設に行きたくないなら、なぜ施設に行きたくないのか、そういうのも子どもと詰めていきます。
篠：意見が表明できるように言葉の力を与えたり、代弁したりするのは大事ですね。
Ｂ：それも権利擁護の一環だと考えています。

篠：児相のケースワーカーのもつ権限とか、子どもに与える影響の大きさを、一保としては知っているゆえに、そういう取り組みの重要性を意識せざるをえないんですね。

B：はい。実際、「おれのことを国家が決めるな！」という子どももいますし。

篠：うーん、熱いですね。そういう子どもの本気の言葉がケースワーカーに届くといいと思いますよ。そういう言葉をどう捉えるか、一保も児相も職員に差が出そうですが。

B：職員のなかにはいろんなバックグラウンドをもつ職員がいます。例えば、幼稚園教諭や保育士、あと警察ＯＢの方もいますが、経歴がまったく違うので当然なのですが、福祉職の感覚とは明らかに違っていて面白いですよ。

篠：警察ＯＢは、これは勝手なイメージですが、特に違う感じがしますね。

B：ええ。「警官やったときはなぁ、寒空の下、何時間もずっと立ちんぼしたり、わけわからんなってる死体とかも見たりするしなぁ、そういうのに比べたらここは暖房の効いた部屋で座って、子どもと関われて楽しいわぁ」とかいうんですね。

篠：それは面白いですね。楽な仕事ではないはずですけど。

B：でもその人はものすごくケース記録を読むんです。警察の方なんでケース記録の書き方はかなりクセがありますけどね、「～が思料される」とか書くので。

篠：ケアワークとか事務員とかに関しては、子どものためという目的は同じでも、いろんな立場の人がいろんな仕方で関わって子どもを立体的に記述していくという営みは大事かもしれませんね。こういうことをいうと社会福祉専門職主義の方から怒られますけど。

B：警察の人は、福祉村の空気というか、いかにも福祉の人たちっていう雰囲気を気持ち悪いとか、慣れないと言っている人もいますけどね。

篠：現場実践を成り立たせるための規範は規範でもちろん大事だと思いますけど、いろんな人がるつぼ化して、意見を言い合える関係だといいですね。

B：ええ。夜勤では仮眠をけずってでも子どもたちのことをくたくたになるまで話し合います。こっちとしては、子どもの大半は家庭に帰りたいわけだし、家庭が子どもの生活環境の基本単位なんだから、やっぱり児相には、どうにかして家庭の養育環境に働きかける形でケースワークがなされていると期待するわけです。一保としては、傷ついた子どもをよしよしかわいそうしたいのではなくて、行動観察をして、一保の職員がみてきたものが、親に届くようにしていきたいですね。

篠：親に。

B：行動観察は診断をすること自体が目的ではなくて、この子はこういう優しさがあったとか、こういうところで感情が抑えられず手が出てしまうとか、家庭生活に関係することを、ケースワーカーさんに繋げて、間接的にでも伝えていくためのものでもあります。一保の職員の中では、例えば親のもとに戻る場合、それまでにきちんと話し方とか、感情表出の仕方など、子どもに持ち帰ってもらいたいものを伝えて、それらが調うように見立てをもって、生活支援をして、送り出します。私たちの仕事は常に、子どもたちがいつか家庭復帰できると信じて、何か家庭のほうに養育上の意識や環境の変化があればいいなと期待しながら、そういうのを伝えていくという意味があると思います。

篠：そうですね。その通りだと思います。

B：ですから、私たちは単に保護をして記録文書をケースワーカーさんに繋ぐだけではなくて、いつか帰るであろう家庭に、親に届けたいという思いでやっています。ケースワーカーさんには、忙しくて大変なのはわかっていますが、そのあたりをわかっていただけたら幸いですね。

おわりに

児童相談所と親の対立関係がなぜ問題なのか。それは一つには一人の市民としての親と政府＝統治権力である児童相談所という市民的政治的観点から、一つには一人の人間として尊厳をもつ親を支援する必要から、そしてもう一つは、児童福祉の使命である「子どもの最善の利益」やそのための家族再統合の可能性という観点からである。読者によってそれらのどこに関心があるか分かれるかもしれないし、本書はバランスのよくないものに映っているかもしれない。社会福祉学の立場から専門職や研究者の言葉を多く用い、児童相談所の置かれた状況の厳しさに共感的になりながら、その一方で児童相談所の不当な介入を受けたとして「児相問題」を主張する親たちに接近してそれが単なる言いがかりでもないことを述べようとしてきた。

本書を執筆するにあたって文献調査だけではなく児童相談所と対立する親にも児童相談所関係者にも会い、話を伺った。親の脅迫に耐え、嫌がる子どもを強引に保護し、ときにはインターネットで容赦なく批判され心身ともに疲弊した児童相談所職員を前にして、しかしまたその一方で児童相談所職員の見下した態度や放置、その場しのぎの対応に失望しながら日々子どもとの再会を想い、筆者のような見知らぬ若者の前で涙する孤独な親を前にして、誰の現実（リアリティ）に寄り添えばいいのかわからなくなることもあった。

児童相談所職員の中には親と対立したり親から恨まれたりすることが当然であるとして割り切っている人もいる。子どもを引き離す仕事であるから対立や恨みが生じるのは当然かもしれない。その職員は強い人なのだろう。しかしだからといってすべての児童相談所職員が単に耐えればいいというものではないし、それは児童相談所にとっても親子にとってもつらいことだと思う。弥縫策的修正ではなく抜本的変革として議論される時期にきているのではないだろうか。

近年、懲戒権の見直しや児童福祉司の国家資格化など、さまざまな論点で児童虐待に関する議論が活性化している。社会福祉学者はわずかな制度改正論でも針小棒大に語る癖がある。「今が過渡期だ」というのも社会福祉のあらゆる分野で常に言われている。そのなかで私たちが児童福祉の理念に照らして見据えるべきは、具体的な議論の前提として想定されている基本図式である。

使用文献

安部計彦（二〇〇〇）「児童相談所ができること」『子どもの虐待とネグレクト』二（一）、七四－七八

安部計彦（二〇〇一ａ）「機関連携・ネットワーク構築の現状と課題」柏女霊峰・才村純編『《別冊発達26》子ども虐待への取り組み：子ども虐待対応資料集付』ミネルヴァ書房、七二－七九

安部計彦（二〇〇一ｂ）「児童相談所」安部計彦編著『ストップ・ザ・児童虐待――発見後の援助』ぎょうせい、八六－一〇三

安部計彦（二〇〇二）「『虐待をする保護者』への援助」『月刊福祉』八五（一三）五〇－五三

秋山智久（二〇一六）『社会福祉の思想入門――なぜ「人」を助けるのか』ミネルヴァ書房

馬場望（二〇一六）「児童虐待と法律家の関わり」『月報司法書士』五三五、二四－二八

Detric, S. (ed.), 1992, *The United Nations Convention on the Rights of the Child: A Guide to the Travaux Proparatoires*, MARTINUS NIJHOFF PUBLISHERS

藤林武史（二〇一五）「児童相談所の現状と虐待防止最前線」『自由と正義』六六（六）、十七－二三

藤林武史・桐野由美子（二〇一三）「特集にあたって」『子どもの虐待とネグレクト』一五（三）、二六〇－二六一

藤井聡（二〇一二）『プラグマティズムの作法――閉塞感を打ち破る思考の習慣』技術評論社

藤田香織・石倉尚・大久保さやか（二〇一七）「児童福祉法改正と司法関与――子どものために司法ができること」『子どもの虐待とネグレクト』一九（二）一七五－一八三

グッドマン・ロジャー（二〇一三）「日本における児童虐待の『発見』と『再発見』」ロジャー・グッドマン・井本由紀・トゥーッカ・トイボネン『若者問題の社会学――視線と射程』明石書店、一八一－二二一

後藤啓二（二〇一六）『〝子ども虐待死ゼロ〟を目指す法改正の実現に向けて』エピック

ぎょうせい編（二〇一六）「児童虐待ケースにおける関係機関との連携について」『法律のひろば』六九（六）二

Hacking, I., 1999, *The Social Construction of What?*, Harvard University Press（二〇〇六、出口康夫・久米暁訳「何が社会的に構成されるのか」岩波書店）

長谷川眞人（一九九四）「『子どもの意見表明権と施設擁護改革』論に対する意見3——第五七号『津崎論文』を読んで」鉄道弘済会社会福祉部『社会福祉研究』五九、九〇－九五

橋爪幸代（二〇一二）「家庭裁判所と児童相談所」町野朔・岩瀬徹編『児童虐待の防止——児童と家庭、児童相談所と家庭裁判所』有斐閣

波多野理望（二〇〇五）『逐条解説　児童の権利条約（改訂版）』有斐閣

平野政典（二〇一五）「相談援助を行うためのしくみ作り、組織作り、人づくりを」『子どもと福祉』八、一二－一三

平湯真人（二〇〇〇）「『児童虐待の防止等に関する法律』の概要と残された問題点」『母子保健情報』四二、五一－五四

平湯真人（二〇一二）「親権と子どもの権利」『教育と医学』六〇（一）五四－六九

広井多鶴子（二〇一三）「虐待概念の拡大と家族への介入——児童虐待対策がもたらしたもの」『月刊社会教育』五七（二）四－一〇

Holstein. J. A. and Miller. G., 1990, Rethinking Victimization: An Interactional Approach to Victimology, *Symbolic Interaction*, 13, 103-122。

衣斐哲臣（二〇一一）「虐待通告と初期対応——児童相談所の現場から」『こころの科学』一五九、二二－二七

一番ヶ瀬康子（一九七五）「社会福祉への視点」一番ヶ瀬康子・真田是編著『社会福祉論（新版）』有斐閣双書、一－一二

家常恵（二〇〇五）「児童相談所をめぐる問題——ケースワーカーの専門性を中心に」『子どもの虐待とネグレクト』七（三）、三二二－三二七

飯田邦男（二〇〇五）『虐待親への接近——家裁調査官の目と技法』民事法研究会

池田由子（一九八七）『児童虐待——ゆがんだ親子関係』中公新書

稲葉光彦（二〇一三）「児童虐待の防止等に関する法律についての一考察——親権について」『富士常葉大学研究紀要』一三、一七五－一八二

石橋勝美（二〇一五）「虐待対応で失ったもの——児童相談所はどこへいくのか」『子どもと福祉』八、一〇－一一

石田文三（二〇一四）「司法関与における裁判所の機能」『子どもの虐待とネグレクト』一六（三）、二六三－二六八

石井小夜子（一九九一）「家庭の中の子ども——親と子ども」下村哲夫『児童の権利条約——21世紀を【子どもの世紀】に』時事通信社、一四－四三

磯谷文明（二〇〇二）「児童虐待ケースに対する弁護士の関わり」『月刊福祉』八五（一三）二八－三〇

伊藤俊明（二〇一五）「子ども虐待による死亡と児童相談所に関する研究」『東日本国際大学福祉環境学部研究紀要』一一（一）、一－一三
岩井宣子（二〇一三）「児童虐待防止法制の現状と課題」『犯罪と非行』一七五、六－二九
岩城正光（二〇一二）「児童虐待防止の観点からの民法改正」『部落解放』六六二、九四－九七
岩崎浩三（一九九二）「児童相談所の現状と課題」一番ヶ瀬康子・長谷川重夫・吉沢英子編『《別冊発達12》子どもの権利条約と児童の福祉』ミネルヴァ書房、一四二－一四六
岩瀬徹（二〇一二）「被害児童の分離措置と家庭裁判所——二八条審判を中心として」『児童虐待の防止——児童と家庭、児童相談所と家庭裁判所』有斐閣、一九〇－二〇七
岩田正美・小林良二・中谷陽明他編（二〇〇六）『社会福祉研究法：現実世界に迫る14レッスン』有斐閣アルマ
金井剛（二〇一一）「『虐待者』と呼ばれる親の支援ニーズ」『こころの科学』一五九、四九－五四
神田ふみよ（一九九三）「私たちの取り組みと課題——津崎論文を読んで」『季刊児童養護』二四（二）一九－二三
片岡健（二〇一五）「広島『0歳長男揺さぶり虐待』事件　理不尽な冤罪に打ち克った家族の実話」冤罪ファイル編集局編『冤罪 file』二三、五二－五九
加藤曜子（二〇〇一）『児童虐待リスクアセスメント』中央法規
川畑隆（二〇一三）「児童虐待防止活動の入り口」京都学園大学人間文化学会紀要『人間文化研究』三〇、一七七－一八三
川畑隆（二〇一五）「児童虐待防止の専門技能」『臨床心理学』一五（五）、六〇二－六〇六
川崎二三彦（二〇一六）「子どもの援助職への専門研修」『教育と医学』六四（一）三六－四二
川崎二三彦（二〇一四）「原胤昭に叱られた」『子どもの虐待とネグレクト』一六（三）、二六九－二七四
川崎二三彦（二〇一一a）「子ども虐待の現状とこれからの対応」『こころの科学』一五九、九九－一〇四
川崎二三彦（二〇一一b）「児童虐待をめぐる現在の課題」『議員Navi』二四、八－一一
川崎二三彦（二〇一〇a）「児童虐待の実情と課題——対応現場で見えるもの」『ジュリスト』一四〇七、八二－八六
川崎二三彦（二〇一〇b）『子ども虐待ソーシャルワーク——転換点に立ち会う』明石書店
川崎二三彦（二〇〇六）『児童虐待——現場からの提言』岩波新書
川崎二三彦（二〇〇二）「児童虐待に対する児童相談所の初期対応」『月刊福祉』八五（一三）一六－一八

木全繁（二〇一三）「家族再統合の現状と課題」『子育て支援と心理臨床』七、一四－二〇
木下茂幸（一九九三）「ひとりの子どもの重さを実感する」『季刊児童養護』二四（二）七－一〇
喜多明人・立正大学喜多ゼミナール編著（一九九四）『ぼくらの権利条約』エイデル研究所
喜多一憲（二〇〇二）「家族と対立する局面にどう対応するか」全国児童養護問題研究会編『子ども虐待と援助――児童福祉施設・児童相談所のとりくみ』ミネルヴァ書房、一七五－一八三
北川善英（一九九五）「子どもの人権と『子どもの最善の利益』：子どもの権利条約－1」『横浜国立大学教育紀要』三五、一〇五－一一四
木附千晶（二〇一四）「家族との関係を断絶する児童相談所――子どもに会いたい、返してもらいたい」『金曜日』二二（二九）三二－三四
小林美智子（二〇一〇）「児童虐待が日本の社会に鳴らした警鐘――虐待防止法までの10年、その後の10年、そしてこれからの10年」『子どもの虐待とネグレクト』一二（一）八－二四
小林美智子（二〇一二）「親の支援への挑戦に向けて」『子どもの虐待とネグレクト』一四（三）二九一－二九三
児島亜紀子・平塚謙一（二〇一五）「満たされるべきニーズ／表明されるべきニーズ」児島亜紀子編著『社会福祉実践における主体性を尊重した対等な関わりは可能か――利用者――援助者関係を考える――』ミネルヴァ書房、二七－四五
許斐有（一九九六ａ）『子どもの権利と児童福祉法――社会的子育てシステムを考える』信山社
許斐有（一九九六ｂ）「児童福祉と子どもの権利」明治学院大学立法研究会編『子どもの権利――子どもの権利条約を深めるために』信山社、五三－七九
小山貞夫（二〇一一）『英米法律用語辞典』研究社
久保樹里（二〇一六）「児童相談所における子ども虐待ソーシャルワークの課題」『大阪社会福祉士』二二、二－九
久保健二（二〇一四）「虐待対応における課題と困難」『子どもの虐待とネグレクト』一六（三）二四二－二四九
久保健二（二〇一六ａ）「わたしの仕事、法、つながり：ひろがる法律専門家の仕事編（第11回）子ども福祉にも必要とされる弁護士の力――児童相談所の常勤弁護士だからこそできること」『法学セミナー』六一（三）四－五
久保健二（二〇一六ｂ）「児童相談所の現場から」『人権のひろば』一九（五）一－三
久保祥子（二〇一二）「新人児童福祉司が思うこと」『子どもと福祉』五、九－一一
熊崎昌二（二〇一五）「家族の生活の匂いを感じたい――相談援助の現実と理想」『子どもと福祉』八、一四－一五

栗原直樹（二〇〇七）「子ども虐待に対応する介入的ソーシャルワーク」『子ども家庭福祉学』七、六五－七四
牧真吉（二〇一一）「児童相談所の現場から」『そだちの科学』一六、三八－四一
牧真吉（二〇一五）「虐待に関わる文化の問題」『児童心理』六九（一五）四二－四六
Margolin. L., 1997. *Under the Cover of Kindness: The Invention of Social Work*, University of Virginia Press（二〇〇三、中河伸俊・上野加代子・足立佳美訳『ソーシャルワークの社会的構築――優しさの名のもとに』明石書店）
松田博雄（二〇〇八）『子ども虐待――他職種専門家チームによる取り組み』学文社
松本伊智朗（二〇一〇）「いま、なぜ、『子ども虐待と貧困』か」松本伊智朗編『子ども虐待と貧困――「忘れられた子ども」のいない社会をめざして』明石書店、九－四三
松本伊智朗（二〇一三）「届かない声に社会はどう向き合うのか――児童虐待の現実、そしてその課題」『福祉のひろば』一五八、三六－四三
南出喜久治・水岡不二雄（二〇一六）『児相利権――「子ども虐待防止」の名でなされる児童相談所の人権蹂躙と国民統制』八朔社
三島亜紀子（二〇一〇）「社会福祉の教育と研究における社会学」日本社会学会『社会学評論』六一（三）三〇七－三二〇
三島亜紀子（二〇〇七a）『社会福祉学の〈科学性〉――ソーシャルワーカー専門職か?』勁草書房
三島亜紀子（二〇〇七b）「日本の児童虐待問題に関する研究の10年――社会福祉学の研究者 vs. 社会学の研究者?」福祉社会学会『福祉社会学研究』四、一八九－一九六
三島亜紀子（二〇〇五）『児童虐待と動物虐待』青弓社ライブラリー
宮井研治（二〇一三）「社会的養護と児童相談所」『子育て支援と心理臨床』七、二六－三一
宮島清（二〇一一）「子ども虐待への初期対応」庄司順一・鈴木力・宮島清『社会的養護シリーズ3――子ども虐待の理解・対応・ケア』一〇一－一一二
御代田久実子（二〇一三）「虐待相談に特化した児童相談所の今」『子育て支援と心理臨床』七、六－八
森正次（二〇一四）「最近の児童虐待報道と児童相談所――児相経験者としての考察」日本福祉大学社会福祉学会編『福祉研究』一〇七－一一二
永井憲一・寺脇隆夫編著（一九九四）『解説・子どもの権利条約（第2版）』日本評論社、六五－六八

水岡不二雄（二〇一四）「市民の権利と、権力装置化する児童相談所――予防拘禁への道ひらく機能的治安法としての児童虐待防止法」『インパクション』一九三、一二七－一四四
中野光・小笠毅（一九九六）『ハンドブック 子どもの権利条約』岩波ジュニア新書、五八－六一
日本弁護士連合会子どもの権利委員会編（二〇一二）『子どもの虐待防止・法的実務マニュアル』明石書店
二宮直樹（二〇一五）「福祉現場の危機と職員への期待」『子どもと福祉』八、三〇－三三
西澤哲（二〇一三）「親支援と家族再統合の現状と課題」『子どもの虐待とネグレクト』一五（三）二六二－二六七
信田さよ子（二〇〇八）「加害者は変われるか？――DVと虐待をみつめながら」筑摩書房
野村知二（二〇〇三）「児童虐待リスクアセスメントと『子育て』の変容」『京都大学生涯教育・図書館情報学研究』二、七一－八〇。
野坂聡（二〇一二）「児童相談所における〝人材育成〟――その『前』と『後』」『子どもと福祉』五、二四－二七
小川政亮（一九六四）『権利としての社会保障』勁草書房
岡田隆介編（二〇〇一）『児童虐待と児童相談所――介入的ケースワークと心のケア』金剛出版
岡聰志（二〇〇七）「告発ではなく、支援のため。そう伝えたいと思いつつ、現実は対立のなかへ」『そだちと臨床』二、一六－一九
岡崎秋香（二〇一五）「いま、児童相談所が危ない？」『子どもと福祉』八、一六－一七
小野善郎（二〇一一）「子ども虐待の視座」『こころの科学』一五九、一八－二三
ペルトン・リーロイ（二〇〇六）「邦訳によせて」上野加代子編著『児童虐待のポリティクス――「こころ」の問題から「社会」の問題へ』明石書店、一五七－一六五
PwCコンサルティング合同会社（二〇一七）「（平成29年度子ども・子育て支援推進調査研究事業）児童相談所における調査・保護・アセスメント機能と支援マネージメント機能の分化に関する実態把握のための調査研究」
三枝有（二〇一二a）「児童虐待への刑事的介入」『子どもの虐待とネグレクト』一四（三）三二八－三三四
三枝有（二〇一二b）「児童虐待への刑事法的介入と理論的背景」日本法政学会『法政論叢』四八（二）四五－五七
才村純（二〇一三a）「児童相談所職員へのメッセージ」『子どもの虐待とネグレクト』一五（三）二五七－二五九
才村純（二〇一三b）「市町村の児童家庭相談体制の現状と課題、方向性」『マッセ Osaka 研究紀要』一六、一五－二七
才村純（二〇一二）「児童虐待の現状と課題――被災地の子どもたちのケアも含めて」『人権のひろば』一五（五）一七－二三

才村純（二〇一一a）「市町村アカデミー・コーナー（No.265）――児童相談と虐待相談の実際（2）」『判例地方自治』三三七、一一九－一二二

才村純（二〇一一b）「子ども虐待防止制度の現状と課題」『月報 司法書士』四六七、一〇－一五

才村純（二〇〇九）「子ども家庭福祉の理念と課題」日本育療学会『育療』四四、三－七

才村純（二〇〇八）『図表でわかる子ども虐待――保育・教育・養育の現場で活かすために』明石書店

才村純（二〇〇五）『子ども虐待ソーシャルワーク論』有斐閣

才村純（二〇〇一）「児童虐待防止法と子ども虐待防止法制度の課題」柏女霊峰・才村純編『《別冊発達26》子ども虐待への取り組み――子ども虐待対応資料集付』ミネルヴァ書房、一四－二六

斎藤学（二〇〇〇）「児童虐待に関する加害者治療モデル――精神医学の現場から」『子どもの虐待とネグレクト』二（二）二二九－二三三

斉藤幸芳（二〇一二a）「子どもたちを大切にするということ」斉藤幸芳・藤井常文編著『児童相談所はいま――児童福祉司からの現場報告』ミネルヴァ書房、一－九。

斉藤幸芳（二〇一二b）「ソーシャルワーカーとしての児童福祉司の専門性」斉藤幸芳・藤井常文編著『児童相談所はいま――児童福祉司からの現場報告』ミネルヴァ書房、一二一－四四

坂場洋一（二〇一一）「児童相談所から見た親子関係について」『更生保護』六二（五）、一二－一五

坂本理（二〇一二）「虐待ケースを100件担当するということ――1児童福祉司からの報告」『ソーシャルワーク学会誌』二五、五一－五六

佐々木大樹・田中清美（二〇一六）「児童虐待相談における介入役割から支援役割への変化」『心理臨床学研究』三四（一）七三－八二

佐竹文子・上野加代子・樫田美雄（二〇〇七）「児童虐待事例のつくられかた――D．スミス『Kは精神病だ』の分析方法を基軸として」徳島大学総合科学部『社会科学研究』二〇、一九－三六

佐藤真由美（二〇一五）「児童『相談』所よ、どこへいく?・」『子どもと福祉』八、八－九

関秀俊・藤田三樹（二〇〇四）「市民からの児童相談所への児童虐待通告の意義と問題点」『子どもの虐待とネグレクト』六（二）二四六－二四九

千賀則史（二〇一三）「児童相談所における職権一時保護後の保護者指導の実践――虐待再発防止のための教育プログラム」『子どもの虐待

とネグレクト』一五（一）七八－八六
芝野松次郎（二〇〇五）「『子どもの最善の利益』の証（エビデンス）を求めて――ソーシャルワークにおけるリサーチとプラクティスを繋ぐ」関西学院大学社会学部・社会学研究科『先端社会研究』二、三五九－三九九
澁谷昌史（二〇一一）「子ども虐待はどのように認識されてきたか――子ども虐待防止システムの葛藤解決に向けた一考察」『関東学院大学文学部紀要』一二三、一五九－一七一
澁谷昌史（二〇〇一）「子ども虐待ケースへの介入――児童相談所の苦悩を知る」上智大学『ソフィア――西洋文化ならびに東西文化交流の研究』五〇（三）三八六－三九八
篠原拓也（二〇一七）「社会福祉学における人権の特質と位置」日本社会福祉学会『社会福祉学』五七（四）一－一三
慎泰俊（二〇一六）『ルポ児童相談所――一時保護所から考える子ども支援』ちくま新書
庄司順一（二〇〇四）『子ども虐待の理解と対応――子どもを虐待から守るために』フレーベル館
Spector. M. and Kitsuse. J. I. 1997, *Constructing Social Problems*, Cummings Publishing country（一九九〇、村上直之・中河伸俊・鮎川潤他訳『社会問題の構築――ラベリング理論を超えて』マルジュ社）
杉原高嶺ほか（二〇一二）『現代国際法講義：第5版』有斐閣
高橋文明（二〇〇二）「一時保護の機能と役割」町田清・坂本健編著『児童相談所援助活動の実際』ミネルヴァ書房、四九－六四
高橋重宏・才村純・庄司順一ほか（二〇〇九）「児童福祉法第二八条適用の現状と課題についての研究」『日本子ども家庭総合研究所紀要』四六、三－二七
高岡昂太（二〇一〇）「子どもを虐待する養育者との対峙的関係に対する児童相談所臨床家のアプローチ」『心理臨床学研究』二八（五）六六五－六七五
竹中勝男（一九五六）『社会福祉研究』関書院
竹中哲夫（二〇〇〇）『現代児童相談所論』三和書房
竹中哲夫（一九九五）「児童養護論の視点――津崎論文『大人の既得権益と子どもの最善の利益を読む』」鉄道弘済会社会福祉部『社会福祉研究』六三、七二－七八
竹中哲夫（一九九三）「津崎論文『児童入所施設ケアの終焉？』と日本の児童入所施設ケア」『日本の児童問題』八、一三〇－一三五

竹内尚也（二〇一六）「厚生労働省における児童虐待防止対策について」『警察学論集』六九（一一）二三－四七
田中英夫編（一九九一）『英米法辞典』東京大学出版会
玉井邦夫（二〇〇一）『〈子どもの虐待〉を考える』講談社現代新書
田崎みどり（二〇一六）「子ども虐待と児童相談所通告」『小児科臨床』六九（一二）二七九一－二七九六。
徳永雅子（二〇〇七）『子ども虐待の予防とネットワーク――親子の支援と対応の手引き』中央法規
土谷善則（二〇一三）「杉並・里子虐待死事件　虐待なんてやってない！　声優母の悲痛な叫び！」冤罪ファイル編集局編『冤罪 file』二〇、一一八－一三九
辻京子（二〇一五）「児童虐待リスクとしての母子家庭――社会的排除とジェンダーの視点」『地域科学研究』四五（一）六一－七一
辻京子（二〇一六）「児童虐待と経済階層の関連――A児童相談所の虐待相談受理データからの考察」『臨床心理学研究』五三（二）六六－七九
釣部人裕（二〇一四）『スケープゴート――なぜ、子どもたちは児童相談所に連れていかれたのか？』ダイナミックセラーズ出版
鶴岡裕晃（二〇一五）「児童相談所における当事者参画への取り組み」『児童養護』四六（二）八－一一
津崎哲雄（二〇一一）「民法改正と被虐待児の社会的養護――児童福祉の観点から」『法律時報』八三（七）七二－七七
津崎哲雄（二〇一〇）「社会福祉の立場から」『児童青年精神医学とその近接領域』五一（四）四四一－四四七
津崎哲雄（二〇〇九）『この国の子どもたち――要保護児童社会的養護の日本的構築：大人の既得権益と子どもの福祉』日本加除出版
津崎哲雄（一九九五）「こんな施設は日本に存在すべきではない！――竹中氏の批判に応える」鉄道弘済会社会福祉部『社会福祉研究』六三、七九－八四
津崎哲雄（一九九四）「大人の既得権益と子どもの最善の利益――長谷川氏らの職員努力＝施設擁護改善論に応える」鉄道弘済会社会福祉部『社会福祉研究』六一、九三－九九
津崎哲雄（一九九三a）「子どもの意見表明権と施設擁護改革」鉄道弘済会社会福祉部『社会福祉研究』五七、四二－四七
津崎哲雄（一九九三b）「子どものエンパワーメントと処遇評価」『季刊児童養護』二四（二）二〇－二三
津崎哲雄（一九九二）「児童入所施設ケアの終焉？――英国ウォリクシャ社会福祉部による児童入所施設全廃施策実践の経過と評価」佛教大学『社会学部論集』二六、七一－八八

津崎哲郎（二〇一〇）「児童相談所の取り組みの現状と今後の課題」『季刊・社会保障研究』vol.45 No.4 三八五－三九五
内田良（二〇〇九）『「児童虐待」へのまなざし――社会現象はどう語られるのか』世界思想社
上田庄一（二〇〇七）「児童虐待と児童相談所」『東大阪大学・東大阪短期大学部教育研究紀要』四、一五－二二
上田庄一（二〇〇六）「児童虐待対応の問題点について」『東大阪大学・東大阪短期大学部教育研究紀要』三、四三－四七
上野加代子（一九九八）『児童虐待の社会学〔第3版〕』世界思想社
上野加代子（一九九九）「少子化時代のサバイバル――児童虐待問題からみた『社会福祉の病理』」日本社会病理学会『現代の社会病理』一四、五－二三
上野加代子（二〇〇四）「〈DOING SOCIOLOGY〉児童虐待問題の鏡像」『ソシオロジ』四八（三）一二一－一二六
上野加代子（二〇〇七）「児童虐待――リスクの個人管理から社会管理へ」家計経済研究所『家計経済研究』七三、Win 三三－四一
上野加代子（二〇〇八）「児童虐待の社会構築」京都府立大学公共政策学部福祉社会学科『福祉社会研究』九、三－一〇
上野加代子（二〇一〇a）「書評　内田良著『「児童虐待」へのまなざし――社会現象はどう語られるのか』」社会学研究会『ソシオロジ』五五（二）一一七－一二五
上野加代子（二〇一〇b）「児童虐待の社会学」『小児科』五一（二）、一一七－一二四
上野加代子（二〇一三）「児童虐待という問題の構築」庄司洋子編『親密性の福祉社会学――ケアが織りなす関係』二三－四一
上野加代子（二〇一六）「『児童福祉から児童保護へ』の陥穽――ネオリベラルなリスク社会と児童虐待問題」『犯罪社会学研究』四一、六二－七八
上野加代子・野村知二（二〇〇三）『〈児童虐待〉の構築――捕獲される家族』世界思想社
上野加代子・吉田耕平（二〇一一）「子ども虐待の社会学――社会的責務としての子どもの養育」『こころの科学』一五九、八一－八六
内海聡（二〇一三）『児童相談所の怖い話――あなたの子どもを狩りに来る』三五館
和田雅樹（二〇一六）「検察における児童虐待ケースに対する取組について」『罪と罰』五三（四）二八－三七
若林亜紀（二〇〇七）「『児童相談所』何とかしてよ」『週刊新潮』五二（四五）一五四－一五七
山縣文治（一九九五）「戦後の児童福祉」大阪の児童福祉・戦後50年記念事業推進委員会編『21世紀の子どもと家庭へのメッセージ』
山縣文治（二〇一七）「児童福祉法改正をめぐって」『子どもの虐待とネグレクト』一九（二）一四一－一四七

山本功（二〇一三）「『安全・安心』というるつぼ――生活安全条例を中心に」中河伸俊・赤川学編著『方法としての構築主義』勁草書房、三六－五一
山本恒雄（二〇一一）「子どもの虐待のサインに気づく」『こころの科学』一五九、二四－二七
山本恒雄（二〇一三）「児童相談所における保護者支援の現状と今後の課題について」『子どもの虐待とネグレクト』一五（三）二六八－二七六
山本恒雄（二〇一四）「介入型ソーシャルワークと司法関与」『子どもの虐待とネグレクト』一六（三）二五六－二六二
山野良一（二〇一一）「無縁社会と子ども虐待――児童相談所の現場から」『そだちの科学』一六、四二－四六
山野良一（二〇一〇）「子ども虐待の背景にある貧困」『月刊保団連』一〇一八、二二－二七
山野良一（二〇〇六a）「児童相談所のディレンマ」上野加代子編著『児童虐待のポリティクス――「こころ」の問題から「社会」の問題へ』明石書店、一五－五二
山野良一（二〇〇六b）「児童虐待は『こころ』の問題か」上野加代子編著『児童虐待のポリティクス――「こころ」の問題から「社会」の問題へ』明石書店、五三－九九
山脇由貴子（二〇一六）「告発 児童相談所が子供を殺す」文藝春秋
矢崎新士（二〇一二）「虐待を疑われた親――鳴き声通告を契機とした支援」斉藤幸芳・藤井常文編著『児童相談所はいま――児童福祉司からの現場報告』ミネルヴァ書房、八〇－九七
読売新聞政治部（二〇〇三）『法律はこうして生まれた――ドキュメント立法国家』中公新書ラクレ
吉田恒雄（二〇一一）「児童虐待に関する親権制度の見直しについて」『子どもと福祉』四、五二－五七
吉田恒雄（二〇一三）「『児童虐待』の防止とは？――これまでの歩みとこれから進むべき道」『子どもの虐待とネグレクト』一五（一）三－四
吉田恒雄（二〇一四）「子どもの権利条約からみたわが国の子ども虐待防止法制の課題」『子ども虐待とネグレクト』一六（三）二五〇－二五五
座談会（二〇一三）「子ども虐待と通告」『子どもの虐待とネグレクト』一五（二）一三七－一五四
座談会（二〇〇九）「児童福祉のこの10年を振り返る――児童家庭相談／社会的養護の現場からの報告」『子どもと福祉』二、六－一九

その他

厚生労働省「子ども虐待対応の手引き」（平成二一年度版）
厚生労働省「子ども虐待対応の手引き」（平成二五年度版）
厚生労働省「児童相談所運営指針」（二〇一二年改正版）
厚生労働省社会保障審議会児童部会児童虐待防止対策のあり方に関する専門委員会「社会保障審議会児童部会児童虐待防止対策のあり方に関する専門委員会報告書」（平成二七年八月二八日）
厚生労働省社会保障審議会児童部会社会的養育専門委員会「市町村・都道府県における子ども家庭相談支援体制の強化等に向けたワーキンググループとりまとめの公表について（とりまとめ）」（平成三〇年一二月二七日）
厚生労働省社会保障審議会児童部会児童虐待等要保護事例の検証に関する専門委員会「子ども虐待による死亡事例等の検証結果等について（第14次報告）報告書」（平成三〇年八月三〇日）
参議院厚生労働委員会「児童福祉法等の一部を改正する法律案に対する附帯決議」（平成二八年五月二六日）
全国児童相談所長会「全国児童相談所における家庭支援への取り組み状況調査」（平成二一年度）
全国児童相談所長会「親権者不同意の一時保護に関する調査」（平成二二年度）

初出一覧

第４章

篠原拓也（二〇一五）「児童相談所の権限行使に対する抑止力確保の必要性——Convention on the Rights of the Child, Article 9.1 に照らして」日本社会福祉学会『社会福祉学』五六（二）三八－四八

第５章

篠原拓也（二〇一五）「児童相談所と対立する親への支援」大阪府立大学人間社会学研究科社会福祉学専攻『社会問題研究』六四、一三一－二六

■著者紹介

篠原拓也

1987年大阪市に生まれる。大阪府立大学大学院人間社会学研究科社会福祉学専攻博士後期課程修了（博士：社会福祉学）。奈良教育大学特任講師を経て、現在、東日本国際大学准教授。専門は社会福祉原論、児童家庭福祉論。

児童虐待の社会福祉学

―なぜ児童相談所が親子を引き離すのか―

2019年10月30日　初版第1刷発行

■著　　者――篠原拓也
■発 行 者――佐藤　守
■発 行 所――株式会社 **大学教育出版**
〒700-0953　岡山市南区西市855-4
電話（086）244-1268　FAX（086）246-0294
■印刷製本――モリモト印刷㈱

ISBN978－4－86692－048－1